DIALOGUES

INSTRUCTIFS ET AMUSANTS

PAR

Mlle ANNA DERIÉGE

TOURS

ALFRED MAME ET FILS

ÉDITEURS

BIBLIOTHÈQUE

DE LA

JEUNESSE CHRÉTIENNE

APPROUVÉE

PAR Mᵍʳ L'ARCHEVÊQUE DE TOURS

—

4ᵉ SÉRIE IN-12

S
3220

PROPRIÉTÉ DES ÉDITEURS

Le Petit Oiseau. (P. 72.)

DIALOGUES

INSTRUCTIFS ET AMUSANTS

PAR

Mlle ANNA DERIÉGE

R.F.

597

TOURS

ALFRED MAME ET FILS, ÉDITEURS

1877

©

PRÉFACE

Ce recueil, offert à des enfants de sept à douze ans comme livre de lecture, atteindra, je l'espère, le but que je me propose.

Les enfants lisent mal pendant longtemps. Pourquoi? Parce que, une fois les premières difficultés vaincues, on ne met pas entre leurs mains des ouvrages qui puissent, en les amusant, leur donner le goût de se former eux-mêmes à la lecture.

Pour obtenir ce progrès, et l'obtenir promptement, il faut avant tout les intéresser en les amusant.

Afin de produire ce double effet, les dialogues que je leur offre ne devraient pas seulement être lus; mais quel résultat n'obtiendrait-on pas si, entrant dans ma pensée, le professeur et l'institutrice voulaient les faire non-seulement lire, mais apprendre!

Cet excellent exercice de mémoire, tout en fortifiant l'esprit des enfants par des notions d'un vif intérêt, leur apprendrait à s'énoncer facilement, et, plus tard, à définir ce qu'ils pensent, chose trop négligée et cependant bien importante. On ne questionne pas assez les enfants; on ne leur apprend pas assez à expliquer leurs pensées.

Ce travail serait comme une récompense, et nul doute que l'enfant ne le regardât comme tel.

Se réunir par groupes pour causer ensemble sur des sujets qu'ils connaissent, qu'ils ont lus avec plaisir, c'est assurément leur donner le goût de la conversation, et rompre la difficulté qu'ils ont à s'exprimer.

Pourquoi des enfants doués d'ailleurs d'intelligence, et surtout d'une intelligence précoce, ont-ils tant de peine à traduire leur pensée? Parce qu'on ne les fait pas causer.

On ennuie souvent ces chers enfants, et l'on s'ennuie parfois soi-même, à leur faire répéter constamment la même chose, sans jamais *dorer la pilule;* il arrive alors qu'au moment où il faut qu'ils abordent sérieusement les ouvrages dont on leur a donné les premières connaissances, ils les ont en horreur, et souvent ne réussissent pas à vaincre la première impression reçue dans leur enfance.

Je ne saurais donc assez le dire et le conseiller : amusez les enfants, amusez-les constamment. Amusez-les en leur apprenant à lire, à écrire, à compter, à *parler*.

Mais, me dira-t-on, c'est chose impossible. Non, avec du savoir, de la méthode, de la volonté, et surtout un peu d'amour pour ces chers petits êtres, qui sont l'ornement et la joie de la famille et l'espoir de la société.

Les enfants aiment le merveilleux, et leurs idées naissantes ne sont pas sans grandeur.

Il faut, tout en restant dans le vrai, aborder sous un aspect toujours riant les questions qu'on leur pose.

Depuis que nous possédons le bienfait inestimable des salles d'asile, ne sommes-nous pas souvent étonnés des réponses de tout petits enfants du peuple, malgré les exigences de la vie matérielle, qui empêchent les parents de s'occuper d'eux? Leurs chants et leur babillage de la journée ont porté leurs fruits. Ils reviennent au foyer domestique leur petit cerveau rempli d'idées qui amusent une mère, et réjouissent un père fatigué par les labeurs qui donnent le pain à la famille.

Les *pourquoi* de la bonne sœur ou de la directrice laïque, dont quelques-unes sont dignes d'être remarquées, ne restent pas sans résultat. Si l'enfant n'a pas encore beaucoup vu, on lui a parlé, et il a retenu.

On a parlé à ses yeux en faisant courir la craie sur le tableau; on a parlé à son intelligence par des questions multipliées; on a parlé à son cœur en y plaçant l'idée de Dieu; le langage de la directrice, c'est son amusement, c'est son bonheur.

Parmi mes dialogues, j'en ai inséré quelques-uns qui conviennent à de très-jeunes enfants, afin qu'on puisse, pour les faire jouer, en trouver qui soient à la portée de leur âge.

Quand quelques substitutions seront nécessaires dans le rôle des différents personnages, il sera facile d'y suppléer avec de très-légères modifications.

Je souhaiterais que l'utilité et l'agrément qu'on pourrait reconnaître à ce petit volume trouvassent leur récompense auprès des jeunes lecteurs auxquels je m'intéresse si vivement, et qu'il obtînt l'approbation des personnes qui s'appliquent à orner l'esprit de la jeunesse en formant son cœur.

DIALOGUES

INSTRUCTIFS ET AMUSANTS

I

LA LEÇON D'ASTRONOMIE

Personnages : ANTOINE, IRÉNÉE, MAURICE, EUDOXIE,
BLAISE, JÉROME, VICTORINE, CLÉMENCE

MAURICE

Dernièrement je m'étais glissé dans le couloir
qui mène à la grande classe du collége ; la porte
était ouverte, j'ai voulu écouter ; le professeur par-
lait du mouvement de la Terre autour du Soleil ;
le sujet m'intéressait, je prêtai attentivement l'o-
reille, mais j'avoue franchement que je n'ai pu
comprendre un mot de l'explication.

ANTOINE, *riant.*

C'est que, vois-tu, mon ami, il y a un langage

pour les enfants, et ceux qui le connaissent nous apprennent une infinité de choses. Quand j'étais tout petit, j'allais à la salle d'asile, et je me rappelle encore les leçons bien élémentaires de la directrice, dont le talent pour nous parler était surprenant. Elle avait une manière d'expliquer qui nous rendait tout compréhensible, et je dois dire que ses leçons m'ont beaucoup aidé quand j'ai été plus grand. Je n'ai jamais eu les appréhensions de l'étude, parce que, très-jeune, une maîtresse instruite et dévouée m'en a épargné les ennuis.

BLAISE

Eh bien, pour nous expliquer le mouvement de la Terre, comment t'y prendras-tu?

ANTOINE

Voilà un guéridon que je place au milieu de cette pièce. Supposez qu'il représente le Soleil immobile au centre du monde, et que l'un de vous est la Terre; en tournant lentement autour vous accomplissez un mouvement annuel qui est de trois cent soixante-cinq jours.

IRÉNÉE

C'est ce qu'on appelle sa révolution autour du Soleil.

ALEXIS

Oui; et son mouvement de rotation, elle l'exécute sur elle-même.

MAURICE

Comment peut-elle tourner sur elle-même, et encore autour du Soleil? Je ne comprends pas.

ANTOINE

Écoute bien, et tu vas comprendre. Je me figure toujours comme le Soleil le guéridon que voici. En tournant autour, je tourne aussi sur moi-même comme si je valsais.

MAURICE

Oh ! s'il s'agit de danse, j'en suis. Je valse avec ma sœur.

ANTOINE

Ne m'interromps pas, je t'en prie. Donc, je dis que tu tournes autour de la petite table ronde, et, en valsant, tu tournes encore sur toi-même : suppose que c'est en vingt-quatre heures. Comme la Terre, tu auras exécuté deux mouvements : l'un est le mouvement de la Terre autour du Soleil ; et l'autre, sur elle-même.

MAURICE

J'y suis ! j'y suis ! Elle ne perd pas son temps, madame la Terre. Ah ! je vais la faire tourner ce soir, ma petite Lilie, autour de la grande jardinière du salon ; car enfin, guéridon ou jardinière, peu importe, pourvu que nous sachions qu'elle figure le Soleil. Et je te réponds que nous ne resterons pas vingt-quatre heures pour remplir notre tâche.

ANTOINE

Alors vous ne serez que deux petits étourneaux indignes de figurer la Terre.

MAURICE

C'est dommage ; mais quand je fais quelque chose, il faut que j'aille vite ; ma sœur aussi.

JÉROME

Je voudrais maintenant savoir à quoi servent ces deux mouvements de la Terre.

ANTOINE

A nous donner le jour et la nuit, puis les quatre Saisons.

MAURICE

Le printemps, l'été, l'automne et l'hiver.

ANTOINE

Comme tu le dis. La Terre, en tournant sur elle-même, reçoit ou perd tour à tour la lumière du Soleil; alors nous avons ou le jour ou la nuit.

MAURICE

C'est parfaitement clair. Allons, Antoine, tu es un bon professeur.

VICTORINE

De cette manière, il y a des peuples qui ont le jour pendant que nous avons la nuit, et d'autres qui sont dans l'obscurité lorsque nous jouissons de la lumière?

MAURICE

C'est bien comme cela que je le comprends, puisque la Terre tourne autour du Soleil. Quelle boule! Je ne suis pas étonné qu'il n'y ait que le bon Dieu qui puisse la faire rouler; lui seul est tout-puissant, et en la créant il lui a assigné sa place dans l'espace.

ÉUDOXIE

On dit cependant: le Soleil se lève, le Soleil se couche.

ANTOINE

On est convenu de s'expliquer ainsi, mais c'est la Terre seule qui tourne.

CLÉMENCE

Le Soleil se lève pour nous quand nous avons assez dormi, et ses rayons lumineux viennent nous avertir qu'il est temps de commencer la journée et de se mettre au travail.

JÉROME, *souriant.*

Oui, et il va alors consoler les paresseux en les avertissant, par sa disparition, que la journée est finie.

MAURICE

Ma foi, pour moi, dussé-je faire du grec et du latin, quand je vois le jour je ne puis plus rester au lit.

ANTOINE

Et moi de même. Venons maintenant aux Saisons.

Elles sont produites par le mouvement de la Terre autour du Soleil.

La Terre ne recevant pas toujours de la même manière les rayons de cet astre, il en résulte des changements de température considérables, suivant la manière dont elle est placée par rapport au Soleil; c'est ce qui constitue les Saisons, c'est-à-dire le printemps, l'été, l'automne et l'hiver.

MAURICE

Ainsi, la Terre est infatigable et ne se lasse jamais de marcher?

ANTOINE

Jamais.

MAURICE

Et comment marche-t-elle ?

ANTOINE

En tournant sur son axe.

MAURICE

Qu'est-ce que l'axe de la Terre ?

ANTOINE

La ligne qu'on suppose passer par son centre, et aux extrémités de laquelle sont le pôle nord et le pôle sud.

MAURICE

Bien ; j'en sais assez maintenant, et je reviens aux Saisons.

L'automne et l'hiver, ce n'est pas gai. Les jours sont courts, il faut jouer à la lumière, dans le salon. Nous faisons du bruit, les mamans se fâchent. Vivent le printemps et l'été ! On gambade au grand air ; ni les poissons ni les oiseaux ne se plaignent de nos cris ni de nos jeux bruyants.

VICTORINE

Tu ne penses qu'au jeu ; mais Dieu sait ce qu'il fait ; pour féconder la poussière mystérieuse des fleurs, il faut à la terre un temps de repos, et à nous-mêmes, la triste saison, afin de pouvoir mieux apprécier, par l'éclat monotone de la neige, la fleur de la blanche aubépine.

Pardon, Antoine, de t'avoir interrompu ; dis-nous maintenant quelque chose de la Lune.

MAURICE, *vivement et avec humeur.*

La Lune est une poltronne. Il semble qu'elle ait peur de se faire voir; elle paraît et disparaît, se montre et se cache suivant son caprice.

VICTORINE

Elle aussi remplit sa mission telle que le veut la Providence; mais c'est néanmoins un bel astre que cet astre des nuits.

ANTOINE

Sa lumière lui vient du Soleil; voilà pourquoi l'on dit que c'est un corps opaque.

MAURICE

Mais le Soleil ne reçoit sa lumière d'aucun astre?

ANTOINE

Non, il ne la doit qu'à lui-même; aussi est-ce un corps lumineux.

IRÉNÉE

J'entends quelquefois parler des éclipses; comment se produisent-elles?

ANTOINE

Par l'obscurcissement d'un astre, quand un autre astre vient, par son passage, lui ravir sa lumière.

MAURICE

Les astres se jouent de ces tours? Ce n'est pas savoir la civilité.

ANTOINE

Ils font ce qu'ils doivent, d'après les ordres du souverain Ordonnateur; rien de plus, rien de moins.

Lorsque la Lune se trouve entre la **Terre** et le Soleil, il y a éclipse de Soleil; et quand la Terre est placée directement entre la Lune et le Soleil, il y a éclipse de Lune.

Maintenant, mes amis, je ne puis vous parler de ces myriades d'étoiles que nous voyons briller au firmament; ma science ne va pas jusque-là. Je me contente de les admirer durant les belles soirées d'été; à vous d'en faire autant. Et adieu.

TOUS LES ENFANTS

Merci, Antoine; adieu, ami.

II

UNE SOIRÉE CHEZ GRAND'MÈRE

Personnages : LA GRAND'MÈRE, MARC, FRANÇOIS.
MARTHE, VICTOIRE, ZÉLIE, MAXIME, CLAIRE

MARC

Voilà, grand'mère, vos petits-enfants; ils sont
au complet, et ne se sont pas fait tirer l'oreille
pour venir vous trouver.

LA GRAND'MÈRE, *avec satisfaction.*

C'est fort bien, mes enfants, je vous sais gré de
cet empressement; il prouve que vous êtes bien
élevés, car ce n'est pas bien amusant, une grand'-
mère.

MARTHE

Ce n'est pas gentil, bonne maman, de parler
ainsi. Nous sommes tous très-contents d'être in-
vités chez toi.

FRANÇOIS

Tu as raison, Marthe, nous sommes tous très-
contents.

LA GRAND'MÈRE

Vous savez cependant que grand'mère veut toujours parler raison à ses petits-enfants, les instruire, et qu'il faut l'écouter attentivement.

VICTOIRE

Nous y sommes tout disposés ; vous ne nous dites
jamais que des choses fort utiles à savoir, et nous
ne demandons pas mieux que de les entendre.

LA GRAND'MÈRE

Et je ne suppose pas qu'il y ait au monde une
grand'mère plus heureuse que moi, car il n'y en
a certainement pas qui possède un groupe plus
charmant de petits-enfants. Vos égards pour elle
vous porteront bonheur ; Dieu vous bénira, elle
aussi, et mes paroles, se gravant dans votre mémoire, vous accompagneront dans la vie, sous la
sauvegarde de ma vieille expérience.

ZÉLIE

Vous avez annoncé, grand'mère, que notre cau-
serie d'aujourd'hui serait sur l'éducation.

LA GRAND'MÈRE

Et vous êtes accourus quand même ; aussi
grand'mère pourrait bien avoir ménagé une surprise à ses petits-enfants.

MAXIME

Oh! nous aimons cela ; moi tout le premier.
Alors, grand'mère, vite, qu'avez-vous à nous dire
sur l'éducation ?

LA GRAND'MÈRE, *riant.*

Patience, patience, mon petit-fils ; pour avoir

une récompense, il faut la mériter; nous allons voir si tu resteras tranquille.

MAXIME

Je tâcherai. (*Il fait un gros soupir.*)

LA GRAND'MÈRE, *toujours en riant.*

Ce ne sera pas sans peine, n'est-ce pas, mon bijou? Je veux cependant aborder aujourd'hui un sujet très-sérieux; vous le connaissez.

Ne confondez pas, mes enfants, l'éducation et l'instruction. L'éducation consiste à développer les facultés tant morales qu'intellectuelles et physiques de l'homme, et l'instruction lui fait acquérir des connaissances qui contribuent au perfectionnement de son éducation.

MARC

C'est-à-dire, grand'mère, que l'une ne va pas sans l'autre; elles se tiennent par la main, elles sont sœurs.

LA GRAND'MÈRE

C'est parfaitement dit; elles sont sœurs. Par une éducation bien dirigée, l'enfant apprend à devenir un homme. Le développement moral est le plus essentiel; il faut avant tout former son cœur.

MAXIME

Mais, grand'mère, si l'on ne me faisait pas tout ce que vous dites, est-ce que je ne serais pas un homme? Je veux être un homme.

LA GRAND'MÈRE, *souriant.*

Tu ne serais pas un homme tel que tu dois l'être, mon bijou. Donner une forte impulsion à l'âme par des études sérieuses commencées de bonne heure; associer les mouvements de l'âme aux opérations de l'intelligence; faire sentir aux jeunes gens leur noblesse en jetant dans leur conscience des semences de vertu et des principes d'honneur conformes à leur haute et religieuse destinée, d'où naît une politesse naturelle et attentive dans les relations, voilà ce que c'est que former un homme dont la famille et la société soient fières.

ZÉLIE

Et des femmes, grand'mère, vous ne nous en parlez pas.

LA GRAND'MÈRE

Quand on dit les hommes, chère enfant, on comprend aussi les femmes. Quoique leur éducation soit différente sur certains points, elle ne laisse pas, néanmoins, d'exiger la même attention pour conduire aux mêmes principes de sagesse et de force morale.

CLAIRE

Mais, grand'mère, j'entends quelquefois dire que les femmes n'ont pas besoin de beaucoup de savoir, et que leur instruction doit avoir des limites restreintes.

LA GRAND'MÈRE

Je suis fâchée, chère enfant, que tu aies rencontré des sots qui tiennent ce langage. Fénelon, Mgr Dupanloup, Mme de Staël, et tous les grands écrivains qui ont parlé de l'éducation des femmes, sont de l'avis contraire.

CLAIRE

Puis, c'est humiliant d'être ainsi relégué dans les bas étages de l'ignorance.

LA GRAND'MÈRE

Je suis de ton avis, chère enfant, c'est très-humiliant; mais c'est, il faut en convenir, un peu mérité.

VICTOIRE

Pourquoi, grand'mère?

LA GRAND'MÈRE

Parce que l'éducation de la femme doit recevoir, comme celle de l'homme, une impulsion énergique qui ne s'accorde guère avec la frivolité d'aujourd'hui et les vains ajustements de l'époque. On élève les enfants dans une mollesse qui les rend incapables d'une conduite ferme, et plus tard, ce que les femmes retirent de jouissances dans leurs ajustements, est au préjudice de leur intelligence. La lecture les ennuie, parce qu'elles ne savent pas atteindre à la hauteur des grands écrits. L'Écriture sainte les endort, parce qu'elles n'en comprennent pas les beautés. « Voulez-vous avoir de grandes âmes? formez d'abord de grands esprits. Élevez vos cœurs! *Sursum corda!* et ne craignez pas de lire [1]. »

MARTHE

Je veux m'instruire comme grand'mère, afin de pouvoir, un jour, parler à mes petits-enfants comme elle le fait avec nous.

_____

[1] Mgr Mermillod.

LA GRAND'MÈRE, *souriant.*

Tu prévois de loin, ma fille ; cependant vous trouvez peut-être que ce que dit grand'mère est un peu sérieux ?

MARTHE

Nous avons du plaisir à vous entendre, grand'-mère, je vous l'assure.

MAXIME

Oui, moi je trouve que c'est un peu sérieux, et les fourmis commencent à me courir dans les jambes.

LA GRAND'MÈRE, *riant de bon cœur.*

Alors, qu'est-ce qui va arriver à mon bijou ?

MAXIME

Il va arriver que je n'y tiendrai plus, et que je demanderai à grand'mère la permission d'aller les secouer dans le jardin.

LA GRAND'MÈRE

Ce que grand'mère permettra avec plaisir ; mais il est, je crois, quatre heures : le pâtissier va venir, et pendant que bijou secouera ses fourmis, les petits pâtés et les tartelettes iront se loger dans les petits fours qui les attendent.

MAXIME, *satisfait, s'approchant de la grand'mère.*

Ah ! bonne maman, c'était cette surprise que vous nous ménagiez au commencement ? Mais je crois que mes fourmis ont disparu ; je ne sens plus rien.

MARC

Comme par enchantement. Cela veut dire tout

simplement que ton four est prêt comme les nôtres, et aussi ton estomac et ton appétit.

MAXIME, *finement, avec un mouvement
de tête.*

Oui, ça veux dire ça.

LA GRAND'MÈRE

J'entends qu'on sonne. Allez vite, mes enfants, dans la salle à manger, où ma vieille Jeannette vous servira un friand goûter.

TOUS LES ENFANTS

Merci, grand'mère. Voilà une après-midi complète et des plus agréables.

MAXIME

La fin surtout; c'est la fin que j'aime.

(*Les enfants vont embrasser leur grand'-mère.*)

———

III

CONTE D'ENFANT

Personnages : LA MÈRE, L'ENFANT

LA MÈRE

Écoutez votre mère, enfant, et croyez-moi.
Vous courez, et, oubliant votre âge, vous bravez
les dangers qui me font trembler. Défiez-vous de
vos forces, et soyez plus obéissant.

L'ENFANT

Quand je cours ainsi, si je ne trouvais plus le
sentier du village ?

LA MÈRE

On vous plaindrait. Quoi ! si jeune, dirait-on,
il est mort ! Vos petits amis n'oseraient faire du
bruit, de peur de m'affliger davantage en me rap-
pelant vos jeux et vos cris enfantins.

L'ENFANT

Mais si je n'étais pas mort, mère, je vous ap-
pellerais.

LA MÈRE

Et l'écho seul répondrait. Personne ne serait là pour vous secourir. Bientôt le froid des nuits commencerait à vous saisir; vos plaintes par degrés s'éteindraient, et bientôt vous mourriez. Alors votre pauvre mère, inconsolable, tous les jours pleurerait son fils chéri.

Écoutez une histoire qui vous servira de leçon.

L'ENFANT

Oh! contez-la-moi, bonne mère, et serrez-moi bien près de vous.

LA MÈRE

Un jeune et gentil berger faisait sa joie et son bonheur de son troupeau choisi. Il l'aimait à en être fou, et chaque jour lui préparait de douces jouissances. Tout ce qu'il y avait de plantes délicates dans les environs du hameau servait à sa nourriture, et toujours il le menait se désaltérer au ruisseau le plus limpide.

L'ENFANT

Que faisait encore le bon berger pour son troupeau chéri?

LA MÈRE

Il permettait aux plus jeunes agneaux de bondir et de folâtrer, soignait attentivement les brebis malades, et de plus les égayait au son de sa musette, et le troupeau tout entier était heureux sous un tel pasteur.

L'ENFANT

Et quand il allait reposer, que disait-il à ce cher troupeau?

LA MÈRE

« Dormez sans crainte, je veille à vos côtés ; du loup n'ayez nulle frayeur. Fidèle, près de vous, veillera avec soin. »

L'ENFANT

Fidèle, c'était le chien ? Ce bonheur du troupeau dura-t-il longtemps ?

LA MÈRE

Aussi longtemps qu'il fut docile ; mais voilà qu'un étourdi vint troubler cette joie. Il voulut seul courir les champs, choisir lui-même les fraîches fleurs de la prairie, et s'aventurer dans les bois.

L'ENFANT

C'était un jeune agneau, sans doute ?

LA MÈRE

Très-jeune et fort malin. Pourtant il avertit sa mère, et, la trouvant un jour heureuse et fière de son cher nourrisson, il lui parla ainsi : « Mère, que nous sommes à plaindre d'être ainsi renfermés ! Nos gardiens sont libres, et nous sommes esclaves ! Secouez avec moi ce joug si pesant ou je vous quitte, et dès ce soir notre berger cruel, en comptant son troupeau, trouvera un absent. » La mère le pressait de renoncer à ce téméraire dessein, mais l'enfant volontaire ne voulut rien entendre, et chercha les moyens de fuir.

L'ENFANT

Il partit ?

LA MÈRE

Le soir même, au soleil couchant, il fut le seul qui ne revint point au parc. Heureux de sa liberté, il pensait en jouir à son aise ; il faisait beau, la nuit était sereine.

L'ENFANT

Et fut-il toujours heureux, comme il l'espérait ?

LA MÈRE

L'œil vigilant du berger surveillait si bien les agneaux restés fidèles, que nul loup ne pouvait en approcher. Le danger n'en devint que plus imminent pour l'ingrat agneau, qui fuyait à la fois sa mère, le berger et la chère bergerie. En le cherchant que trouva-t-on ? Un peu de laine tachée de sang, seul indice de la voracité du loup dont l'agneau était devenu la proie !

L'ENFANT

Qu'il fut à plaindre ! Et la mère, que devint-elle ?

LA MÈRE

Elle fut désolée ; si désolée, que le chagrin la fit mourir.

L'ENFANT

Maman, embrassez-moi. Je suis aussi un tendre agneau ; c'est ainsi que vous m'appelez souvent ; mais, plus sage que celui dont vous m'avez conté la triste histoire, je veux rester auprès de vous, et trouver sous votre garde mon bonheur et mes plus heureux jours.

IV

SAINTE GENEVIÈVE

Personnages : MADELEINE, AGATHE, ROSALIE,
FÉLICIE

ROSALIE

Faut-il être bien âgé pour faire un saint ?

MADELEINE, *souriant.*

Je crois, ma bonne, que l'âge n'y fait rien, et
souvent les saints ont montré dès leur enfance ce
qu'ils seraient un jour. Telle est sainte Geneviève,
patronne de Paris, dont j'ai dernièrement entendu raconter l'histoire en écoutant de mes deux
oreilles.

AGATHE

Alors tu as dû la retenir ? Tu devrais bien nous
en faire part. Si nous pouvions, nous aussi, devenir des saintes ; la bonne chose !

MADELEINE

Je ne demande pas mieux, et je tâcherai de ré-
pondre aussi bien que possible à toutes vos questions, quand il vous plaira de m'en adresser.

FÉLICIE

Eh bien, je te prends au mot : dis-nous d'abord où naquit sainte Geneviève.

MADELEINE

Dans un bourg appelé Nanterre, près de Paris. Son père se nommait Sévère, et sa mère, Géronce. A six ans, Geneviève menait paître les brebis de son père.

ROSALIE

Elle n'avait pas peur, toute seule ?

MADELEINE

Pas du tout; au contraire, elle était heureuse de se trouver dans la solitude, pour prier plus à son aise et penser au Ciel.

AGATHE

Voilà donc la sainte qui déjà se montre. Que je voudrais aussi être sainte ! Voyons, continue, afin que je voie comment je pourrais m'y prendre pour devenir sainte.

MADELEINE

Ah ! tu crois que c'est une histoire ordinaire que celle d'une sainte; mais pas du tout. Je poursuis. Deux grands évêques, saint Germain et saint Loup, qui se rendaient dans la Grande-Bretagne pour combattre l'hérésie de Pélage, passèrent par Nanterre.

ROSALIE

Qu'est-ce que c'est qu'une hérésie ?

MADELEINE

C'est une doctrine contraire à l'enseignement de l'Église. Les hérésiarques sont ceux qui la pro-

pagent, et les hérétiques sont ceux qui la pro-
fessent.

ROSALIE

Oh ! les vilains ! Moi je crois à l'Église catholique, apostolique et romaine, comme l'enseigne
mon catéchisme.

MADELEINE

Et tu as parfaitement raison. Tiens, tu es bien
gentille, ma mignonne ; viens, que je t'embrasse.

AGATHE

Les évêques dont tu nous as parlé eurent sans
doute occasion de voir la petite Geneviève ?

MADELEINE

En effet, ils la remarquèrent dans la foule ac-
courue sur leur passage ; sa mère la tenait par la
main.

FÉLICIE

Et que lui dirent-ils en s'approchant d'elle ?

MADELEINE

Saint Germain prit le premier la parole, et lui
dit : « Geneviève, ma fille, n'éprouvez-vous pas
le désir de vous consacrer à Dieu ? »

ROSALIE

Dis vite ce que répondit la petite fille.

MADELEINE

« Je le veux de tout mon cœur. »

AGATHE

Mais c'est admirable !

ROSALIE

Puis les évêques s'en allèrent ?

MADELEINE

Un moment. A la réponse si touchante de l'enfant, à laquelle néanmoins saint Germain s'attendait, le saint prélat lui passa au cou une médaille de bronze marquée d'une croix, et lui dit : « Que cette simple médaille soit votre seul ornement sur la terre; car ceux qui aiment les parures du monde seront privés des ornements célestes. »

AGATHE

Ah! le saint évêque lui dit cela? Je tâcherai de même de ne pas aimer les parures du monde. Mais, Madeleine, comment peux-tu savoir par cœur ces choses?

MADELEINE

J'ai fait en sorte de les retenir, parce qu'elles m'intéressent. Je regretterais d'avoir oublié les paroles du saint évêque, que la petite Geneviève grava dans son cœur, et qui l'aidèrent à accomplir de si grandes choses!

ROSALIE

Et la petite Geneviève garda au cou la médaille qu'elle venait de recevoir?

MADELEINE

Oh! certainement. Quand elle mourut, à quatre-vingt-neuf ans (vous voyez qu'elle devint fort âgée), elle la portait encore, et l'emporta même dans le cercueil.

ROSALIE

Et toujours elle garda les troupeaux, sans se livrer à aucune autre occupation?

MADELEINE

Oh ! dès l'âge de dix ans elle forma son esprit par l'étude, aimant beaucoup la lecture. Je lui ressemble de ce côté. En surveillant ses brebis, elle étudiait la Bible. Elle se plaisait à cueillir des simples sur le mont Valérien, au pied duquel est situé Nanterre.

AGATHE

Je crois que les simples sont des plantes employées par la médecine.

MADELEINE

Et c'est pour cela que Geneviève les cueillait, afin de les apporter aux malades qui la consultaient.

ROSALIE

Étant encore si jeune, elle connaissait déjà toutes ces choses ?

MADELEINE

Parfaitement; sa sagesse lui avait mérité les faveurs du Ciel.

ROSALIE

Elle était si gentille ! Comme ses parents devaient l'aimer !

MADELEINE

Ils l'aimaient, en effet, beaucoup, et prenaient grand soin d'elle, comme saint Germain le leur avait recommandé; mais, à quinze ans, elle leur donna une vive inquiétude.

ROSALIE, *surprise*.

Est-ce qu'elle leur fit de la peine ?

MADELEINE

Bien involontairement. Un soir, elle ne revint pas au logis à l'heure accoutumée. On la chercha sur la montagne, mais vainement. Enfin on apprit, par un habitant de Nanterre qui l'avait vue passer, que l'enfant, accompagnée d'une pauvre femme, suivait la route de Rueil.

AGATHE

Qu'est-ce que c'est que Rueil?

MADELEINE

Un bourg près de Nanterre. Elle s'y était rendue pour soigner un vieillard malade. Elle n'avait écouté que sa charité, sans songer à l'inquiétude qu'elle causerait à ses parents. C'est là qu'ils la retrouvèrent.

A quinze ans elle se présenta, accompagnée de deux de ses compagnes, devant Félix, évêque de Lutèce, aujourd'hui Paris.

AGATHE

Notre belle capitale?

MADELEINE

Oui, et qui était loin de ressembler à ce qu'elle est aujourd'hui; c'était une ville de boue, ou plutôt un village, renfermé dans le quartier qu'on appelle aujourd'hui la Cité.

ROSALIE

Tu as dit que Geneviève s'était présentée devant l'évêque, pourquoi faire?

MADELEINE

Afin de se consacrer, de nouveau, solennellement à Dieu. Elle était accompagnée de deux de ses compagnes, et marchait la dernière comme étant la plus jeune; mais Dieu ayant inspiré le prélat, il s'écria : « Que celle qui se tient en arrière passe avant les deux autres, car elle a déjà reçu la consécration du Ciel. »

Après la cérémonie on donna, suivant l'usage, la liberté à des colombes qu'on choisissait toujours d'une entière blancheur.

ROSALIE

C'était un aimable usage, et la pensée en est fort gracieuse.

MADELEINE

Mais, comme en ce monde il y a toujours le côté triste en toutes choses, il faut dire que deux des pauvres petites colombes étaient à peine lâchées, qu'on aperçut trois énormes éperviers qui guettaient leur proie.

FÉLICIE

Douces victimes! Que je les plains!

ROSALIE

Des éperviers ce sont, je crois, des oiseaux de proie qui se jettent en voraces sur les pauvres petits oiseaux sans défense?

MADELEINE

Oui, ma chère petite.

ROSALIE

Et les colombes furent enlevées par ces méchants éperviers?

MADELEINE

Ils les emportèrent dans leurs serres.

AGATHE

Celle de Geneviève aussi?

MADELEINE

Non, elle fut épargnée; la sainte jeune fille la demanda un instant et la posa sur son épaule; puis, après l'avoir baisée : « Va, ma mignonne, lui dit-elle, Dieu cette fois ne permettra pas le triomphe du méchant. »

ROSALIE

Je tremble; j'ai peur pour la colombe.

MADELEINE

Il ne faut pas trembler; écoute, et rassure-toi. Geneviève regarde l'épervier qui plane au-dessus de sa tête, et, au moment où la timide colombe prend son vol, l'oiseau de proie s'abat, sans vie et ensanglanté, aux pieds de Geneviève. Alors la colombe disparaît dans les airs.

ROSALIE

Ah! mon Dieu, me voilà soulagée. C'est merveilleux l'histoire des saints.

AGATHE

Ils sont bien heureux de n'avoir qu'à désirer une chose pour qu'elle arrive selon qu'ils le souhaitent.

MADELEINE

Mais Dieu les soumet souvent à de terribles épreuves, afin d'éprouver leur constance. Par eux aussi il se plaît à manifester sa gloire et sa puissance; alors ils font des miracles. Vous savez qu'un miracle est un acte de la puissance divine qui déroge aux lois de la nature.

Geneviève, parvenue au plus haut degré de sainteté, préserva sa patrie des fureurs d'un barbare du nom d'Attila, qui, venant du nord de l'Europe, jetait partout l'épouvante et se faisait appeler le *Fléau de Dieu*.

ROSALIE

Et c'est ainsi que les méchants apparaissent pour troubler la joie de ceux qui sont en paix.

FÉLICIE

Dieu le permet ainsi, comme épreuve ou comme châtiment, quand les hommes, par leurs crimes, lassent sa longanimité.

ROSALIE

Voilà un grand mot que je ne comprends pas; de même que je n'aurais pas pu dire ce que c'était qu'un miracle avant que tu ne l'expliquasses.

FÉLICIE

Longanimité, ma chérie, veut dire une patience à toute épreuve, une clémence qui attend et espère; mais le moment vient enfin où la colère de Dieu éclate d'une manière d'autant plus terrible, qu'elle a été plus lente à punir.

MADELEINE

Oui; alors les saints sont là pour arranger les choses. Telle sainte Geneviève, qui fit tant par ses prières et par ses larmes, qu'Attila, arrivé devant Paris, passa outre. Il est rapporté qu'un épais nuage lui en déroba la vue.

ROSALIE

Il avait cependant eu l'intention d'y entrer?

MADELEINE , *souriant*.

Très-probablement ; mais enfin l'intention ne fut pas ici réputée pour le fait, et les Parisiens, préservés des fureurs d'Attila, en furent quittes pour la peur.

ROSALIE

Je commence à respirer, comme dans l'histoire des colombes.

MADELEINE

Ainsi, dans les faits émouvants, ta première pensée, ma petite chérie, c'est d'avoir peur.

ROSALIE

Je ne sais pas faire autre chose, et maman s'en afflige en disant que je serai malheureuse et souffrirai beaucoup, parce que je suis trop sensible.

AGATHE

Il faut tâcher de t'aguerrir, et de devenir courageuse.

MADELEINE

Pour achever mon intéressant récit, j'ai encore à vous dire que la réputation de Geneviève traversa l'Orient et l'Occident, et que, très-âgée, elle s'éteignit sans souffrance, honorée des hommes et chérie de Dieu, le 3 janvier de l'année 512.

AGATHE

Je vois maintenant comment on peut devenir une sainte. Il n'est pas toujours nécessaire de faire des actions d'éclat. Bon, cela me rassure ; mais il est toujours nécessaire de bien prier ; eh bien, je prierai de tout mon cœur.

MADELEINE

La prière est l'acte par excellence qui nous unit à Dieu, source et principe des dons les plus parfaits, des faveurs les plus signalées.

Des splendeurs de l'éternité, il abaisse sur ses créatures un regard de miséricorde; et le pauvre, agenouillé sur la dalle glacée de son triste réduit, et le riche, qui l'invoque sur des tapis moelleux, et l'enfant, qui croise ses petites mains en lui disant : « Mon Dieu, conservez la santé à papa, à maman, » sont également l'objet de ses tendres et paternelles sollicitudes.

ROSALIE

Maintenant je suis tout à fait rassurée, et je veux toujours me tourner du côté de Dieu, afin de n'avoir jamais peur. Lui qui est le maître du ciel et de la terre, saura bien me garder des méchants.

AGATHE

Et demandons-le-lui par l'intercession de sainte Geneviève, dont la candeur et l'innocence attirèrent le regard de Dieu, qui la prit toujours sous sa sainte garde et sa divine protection.

V

L'ARC-EN-CIEL

Personnages : JULIE, ALPHONSINE, VICTOR,
THÉRÈSE

JULIE

Voyez donc, mes amis, le beau ruban qu'on aperçoit au ciel. Les magnifiques couleurs !

VICTOR

C'est l'arc-en-ciel.

ALPHONSINE

Que tu es heureux, Victor ! tu sais tant de choses, que tu n'es jamais embarrassé.

JULIE

C'est vrai, et je suis sûre qu'il saura nous expliquer ce que c'est que... Mon Dieu, je ne me rappelle pas bien... le... le...

VICTOR

L'arc-en-ciel. Ses belles couleurs, le rouge, l'orange, le jaune, le vert, le bleu, l'indigo, le violet, sont produites par les rayons du soleil passant à travers les gouttes de pluie que forment les nuages.

THÉRÈSE

Oh! c'est vrai; je vois du violet, du bleu, du vert, du jaune, du rouge.

ALPHONSINE

Il semble toucher la terre, et ne finir que dans le ciel.

JULIE

Sait-on pourquoi le bon Dieu a voulu nous donner un arc-en-ciel?

ALPHONSINE

Pour nous amuser, peut-être. Oh! il devient encore plus beau. Il forme une grande ligne, mais longue, mais longue...

VICTOR

Une ligne courbe, c'est-à-dire qui n'est pas droite. Mais si tu crois, Alphonsine, que le bon Dieu pensait à te divertir quand il plaça son arc dans le ciel, tu te trompes joliment.

ALPHONSINE, *faisant une petite moue.*

A qui donc pensait-il?

VICTOR

Il voulait consoler le bon Noé, qui, resté seul sur la terre avec sa famille après que les eaux eurent fait périr tous les hommes, était bien triste, bien triste...

ALPHONSINE

Un déluge c'est une grande pluie qui tombe sans s'arrêter, et va jusqu'aux montagnes.

VICTOR

Oui, et le déluge les dépassa même; alors personne ne put se sauver; il y eut de l'eau partout, partout.

JULIE

Quelle désolation! Et tu dis que le bon Dieu voulait consoler Noé, en lui promettant peut-être qu'il n'y aurait plus de déluge?

VICTOR

Justement; et, pour gage de sa promesse, il fit briller dans le ciel ces belles couleurs qui réjouissent la terre.

THÉRÈSE

Ce bel arc! je ne puis cesser de le regarder.

ALPHONSINE

Ah! mais voilà qu'il disparaît! Je n'aperçois plus le bleu, ni le rouge, ni le violet.

VICTOR

Un autre jour nous le reverrons.

ALPHONSINE

Il revient donc de temps en temps.

VICTOR

Oui, les jours de pluie et d'orage. Je l'ai déjà vu bien des fois.

ALPHONSINE

Je n'y avais jamais fait attention; que je suis donc étourdie! Je suis bien contente de l'avoir vu aujourd'hui; et ce soir, dans ma prière, je dirai : « Merci, mon Dieu, de nous avoir donné l'arc-en-ciel pour nous récréer. »

THÉRÈSE

Tu persistes à vouloir que ce soit pour te récréer; et moi je lui dirai : « Merci, mon Dieu, d'a-
voir promis au saint homme Noé de ne plus envoyer de déluge, quand même il tomberait beaucoup
d'eau, beaucoup d'eau, et qu'il y aurait encore des
méchants. »

TOUS LES ENFANTS

Merci, merci, mon Dieu.

VI

VOYAGE EN FRANCE

Personnages : VALENTIN, PAULINE, AIMÉE, AUGUS-
TINE, NICOLAS, PROSPER, SYMPHORIEN

SYMPHORIEN

Papa dit souvent que je suis né marin, ce qui
désespère maman.

AIMÉE

Pourquoi ton père te dit-il cela ?

SYMPHORIEN

Parce que je ne rêve que boussole, points cardinaux, longitude et latitude, en explorant tous
les coins et recoins du monde.

NICOLAS

Tu te crées là une rude besogne ; mais enfin,
si elle te plaît...

SYMPHORIEN

Oh ! certainement elle me plaît.

AUGUSTINE

Alors, fais-nous connaître ta science, je te prie.

SYMPHORIEN

Avec plaisir, à condition que Prosper m'aidera ; car, lui qui ne souffle mot, est au moins aussi savant que moi.

PROSPER

Il est vrai que je ne furette pas mal tous les livres qui peuvent m'apprendre quelque chose en géographie, car je veux, un jour, être très-habile dans cette science si utile et si intéressante.

SYMPHORIEN

D'abord, orientons-nous. Nous voilà entourés d'un grand cercle. Il semble que le ciel va toucher les montagnes ; ce grand cercle, c'est l'horizon.

PAULINE

Je remarquais cela un jour de promenade avec mon institutrice, et, à mesure que j'avançais, je voyais un horizon différent. Comme j'en faisais la remarque, Mlle Aglaé me dit : « Mon enfant, à chaque pas que nous faisons, nous voyons l'horizon changer. »

PROSPER

En effet, si notre vue s'étend au loin, nous avons un horizon très-étendu ; si, au contraire, notre vue est bornée, l'horizon est étroit.

SYMPHORIEN

Et le côté de l'horizon où le soleil se lève se nomme levant. Il monte, il monte, et s'élève déjà très-haut sur l'horizon ; il est midi. Alors, peu à peu il redescend du côté opposé au levant ; il disparaît enfin ; c'est le couchant.

PAULINE

Et comment se reconnaître sur tous ces points?

SYMPHORIEN

C'est fort simple.

PAULINE

Je ne trouve pas.

PROSPER

Tu vas comprendre.

SYMPHORIEN

Nous avons laissé le soleil se coucher, ou plutôt continuer sa course dans l'espace. Ce côté, où le soleil disparaît pour nous, se nomme le couchant. Je regarde le levant, j'ai alors le midi à droite, à gauche est le nord. J'ai donc désigné les quatre points cardinaux, et les ai reconnus.

AIMÉE

Je crois qu'ils ont encore d'autres noms?

SYMPHORIEN

Le nord s'appelle septentrion; le midi, sud. Le levant se nomme aussi est ou orient, et le couchant, ouest ou occident.

NICOLAS

Et les points collatéraux ou intermédiaires?

PROSPER

C'est le nord-est, entre le nord et l'est; le nord-ouest, entre le nord et l'ouest; le sud-est, entre le sud et l'est; le sud-ouest, entre le sud et l'ouest.

SYMPHORIEN

C'est très-bien; avançons. Je vous l'ai dit, j'ai la fureur des voyages; me voilà parti. Pour aujourd'hui je vous fais grâce de la traversée des mers jusqu'aux pays lointains; je reste en France; à tout seigneur tout honneur.

NICOLAS

Ce n'est pas moi qu'on attrapera voguant sur les eaux, à la rencontre des requins et des baleines, en essayant d'une tempête comme récréation.

PROSPER, *riant.*

Ce qui veut dire que tu n'iras pas chercher les périls?

NICOLAS, *résolûment.*

Ma foi non! C'est bien assez de les attendre quand ils nous font le déplaisir d'arriver; mais toi, Symphorien, continue de te promener, personne ne t'en empêche.

SYMPHORIEN

De Paris, notre résidence, dont je vous parlerai en rentrant, je file à toute vapeur vers le Midi; j'arrive promptement à Marseille, chef-lieu du département des Bouches - du - Rhône. C'est une ville fort ancienne; elle fut fondée par les Grecs, six cents ans avant Jésus - Christ.

NICOLAS

Peu nous importe; laisse les Grecs en paix pour aujourd'hui, et la langue hellénique aussi; de celle-là je pourrais me passer toute ma vie, ainsi que d'Homère par la même occasion.

SYMPHORIEN

Marseille est une ville grande et riche, et celle de toute la France où il se fait le plus de commerce. Sa position sur la mer Méditerranée la favorise. Elle entretient avec le Levant et les colonies, des rapports qui lui donnent une activité et une industrie extrêmement développées. Elle a un collége.

NICOLAS

Ce n'est pas le plus beau de son histoire, et ce n'est pas de ce côté qu'elle fera mon admiration. Mettons cette particularité au rang du grec et du latin, voire même d'Homère.

AUGUSTINE ET TOUS LES ENFANTS, *riant.*

Oh ! l'ingrat !

PROSPER

A Aix, ville de bains et de plaisirs, il y a un archevêché, une académie, une école de droit, une cour d'appel.

NICOLAS

J'irai le plus tard possible. Le droit ce doit être encore quelque chose d'amusant comme le collége.

SYMPHORIEN, *souriant.*

Alors, pour te distraire, retournons vite à la gare ; allons à Montpellier goûter le lunel et le frontignan.

NICOLAS, *gaiement.*

A la bonne heure ! j'en suis. A votre santé, mes amis. Je lèche le verre, regardez. C'est de mauvais ton, mais ma langue a été plus vite que ma volonté.

SYMPHORIEN

Je remonte, et passe à l'Ouest. Voici Bordeaux, l'une des plus belles villes de France. Son port me ravit, ses vaisseaux me font battre le cœur; quand pourrai-je y monter! L'Amérique y envoie ses produits, et l'Europe en profite.

J'aperçois de loin la tour de Cordouan, à l'embouchure de la Gironde, et les feux pour éclairer les vaisseaux.

Je parcours à fond de train la Bretagne, la terre des nobles cœurs et des grands courages. Je m'arrête cependant à Brest, afin d'en voir le port et l'arsenal.

La Touraine ne peut être oubliée. Elle doit à son doux climat, à la fertilité de son sol le titre gracieux de *Jardin de la France*. Tours me plaît; j'aime les cités élégantes, aux mœurs douces et polies.

NICOLAS

C'est très-naturel; la rudesse ne séduit personne.

SYMPHORIEN

Blois excite ma curiosité. Comment ne pas souhaiter voir cette résidence de nos rois pendant près de trois cents ans? L'aspect de la ville est des plus riants. Le peuple même parle bien, et a un accent agréable qui prête du charme à sa politesse.

Je franchis rapidement le Berry, le Nivernais; enfin j'arrive à Lyon.

PROSPER

Sa position au confluent du Rhône et de la Saône, et sa proximité de la Suisse, de l'Italie et de l'Allemagne, lui donneront toujours une grande importance. Ses riches manufactures de soie, ses beaux édifices et ses belles places, ne contribuent pas peu à sa splendeur.

Ce qui m'enchante surtout, c'est de gravir la sainte colline au sommet de laquelle est Four-vières, doux sanctuaire où je vais prier la Mère de Dieu pour tous ceux que j'aime.

AUGUSTINE

Et nous nous unissons tous à ta prière devant l'autel de Marie.

TOUS LES ENFANTS

Oh ! oui, oui. Sainte Mère de Dieu, priez pour nous, protégez - nous !

SYMPHORIEN

Je vous ai promis de vous ramener à Paris. Je laisse donc pour plus tard le Nord avec son indus-trie, ses places fortes, ses grandes villes ; le Centre, avec ses productions variées, ses belles montagnes, ses eaux thermales ; et l'Est, en jetant un regard plein de tristesse et d'espérance sur nos belles provinces perdues.

Voilà enfin Paris avec ses beaux monuments, ses grands boulevards, son activité, ses musées, ses splendides jardins, ses riches et vastes basi-liques.

NICOLAS

Et son Guignol.

PAULINE

Où l'on nous vend à bon compte la sottise ; où nous nous amusons des coups de bâton que distribue M. Polichinelle, des méfaits d'une vieille servante, etc. etc.

NICOLAS

Quand j'y suis, j'en ris ; mais je ne trouve pas, en effet, que ce soit très-fin.

AIMÉE

Notre cœur ni notre intelligence n'y peuvent rien gagner.

SYMPHORIEN

Pour moi, il y a longtemps que j'ai abandonné Guignol, qui ne m'a jamais beaucoup diverti. Je trouvais, comme Nicolas, que c'était sot. Donc, mon cher, pour n'être pas des sots, prenons résolûment la route du collége ; exécutons-nous de bonne grâce, et souvenons-nous qu'il n'est pas de roses sans épines, pas plus que de savoir sans travail.

NICOLAS

De bonne grâce n'est pas le mot ; mais enfin, puisqu'il le faut, il le faut.

VII

ZOOLOGIE

Personnages : GERMAIN, OCTAVE, ISIDORE, FLAVIE, ANASTASIE, CATHERINE

OCTAVE

Je ne me rappelle pas bien comment on nomme les animaux qui se nourrissent d'herbe ; le sais-tu, Isidore ?

ISIDORE

Je crois le savoir. Ne sont-ce pas des animaux *herbivores* ?

OCTAVE

Ah ! oui, herbivores. Et ceux qui mangent de la chair sont appelés *carnivores*.

CATHERINE

Je préfère ceux qui mangent de l'herbe, c'est plus propre.

GERMAIN

Et que feras-tu de ceux qui sont *omnivores*, comme nous, c'est-à-dire qui mangent de tout : des légumes et des fruits aussi bien que de la viande, et s'arrangent de notre régime, tel que l'ours.

CATHERINE

La comparaison est courtoise; tu nous mets ainsi de pair avec les animaux! C'est flatteur.

ISIDORE

Que tu le veuilles ou non, nous sommes classés ainsi qu'eux, et formons le premier ordre; nous sommes des bimanes, parce que nous avons deux mains. Prends-en ton parti, tu es une petite bimane.

CATHERINE, *d'un air mécontent.*

C'est très-malhonnête, et les savants me déplaisent, avec leurs inventions. Je n'accepterai jamais, quoi qu'ils fassent, d'être une bimane. Je suis un être raisonnable, doué d'une âme immortelle, et regardant le ciel. Voilà la place distinguée que je veux.

OCTAVE, *riant.*

Tu es, de plus, une petite mammifère comme les quadrumanes, qui ont quatre mains : deux au bout des bras, deux au bout des jambes, tels que les singes. Tout ce qui tette est mammifère, et, il y a de cela sept ans, tu t'en donnais à cœur joie entre les bras de ta nourrice; je me le rappelle, tout petit que j'étais.

CATHERINE

Et c'est encore aux savants que je dois l'honneur d'un degré de parenté avec ma petite vache bretonne, qui me donne de si bon lait. Je les remercie bien, mais ils pourraient éviter cette

peine ; je ne leur en conserve pas la moindre reconnaissance.

FLAVIE

Ce n'est déjà pas si désagréable d'être, par
exemple, un peu cousine avec notre petite Blanchette. Quand elle nous regarde, on dirait qu'elle
va nous parler. Elle est même plus raisonnable
que nous, car elle se laisse caresser, traire, conduire à la prairie comme une douce brebis ; en un
mot, on fait d'elle tout ce qu'on veut.

CATHERINE

J'avoue, à ma honte, qu'il n'en est pas ainsi de
moi. Blanchette peut donc me donner de très-
bons exemples ; nous n'aurons cependant ensemble que des rapports d'amitié, mais jamais de
parenté.

FLAVIE

Mais qu'est-ce qu'elle fait donc, notre petite
Blanchette, quand elle mange son foin? Elle le
tourne et retourne dans sa bouche, avant de l'a-
valer, au point de m'impatienter. S'il me fallait
faire cela pour digérer, je préférerais me passer
d'aliments.

GERMAIN

Elle *rumine ;* c'est-à-dire qu'elle achève de
manger la provision d'herbe qu'elle a déjà mise
en réserve dans son estomac.

CATHERINE

Et les savants nous ont-ils fait grâce de la rumi-
nation?

OCTAVE

Nécessairement, puisque les seuls animaux qui ruminent sont ceux qui, comme le bœuf, la vache, ont le pied fendu. Mais, gare à toi, Catherine ; puisque tu continues à maugréer ainsi contre les savants, je vais te dire tout de suite ta parenté avec la grenouille et la chauve-souris.

CATHERINE

Cette fois, c'est trop fort ! tu veux seulement plaisanter ; tu sais mon aversion pour ces animaux.

GERMAIN

Il faut pourtant encore te résigner. Tu sais où est placée l'épine du dos, ou colonne vertébrale ? Elle est formée de vingt-quatre petits os, ou vertèbres, emboîtés les uns dans les autres. C'est elle que suit le grand canal par où passe le sang, et que l'on appelle l'*aorte*. Nous sommes de cet embranchement-là ; et les grenouilles aussi, et les chauves-souris, et le bœuf, et le singe, et la poule, et le lézard. Place-toi au sommet si tu le veux, mais c'est tout ce que les savants peuvent t'accorder.

CATHERINE

Et l'on appelle cela apprendre la zoologie ? Elle est intéressante ta science zoologique !

FLAVIE

Mais Dieu, ma chère bonne, en créant l'homme, a voulu qu'il en fût ainsi, afin que, de ce côté, il apprît sa bassesse, et, par son âme, sa grandeur.

CATHERINE

Moi, j'en suis pour la grandeur. Je l'apprends dans mon catéchisme; je le comprends quand on me l'explique, et je m'en tiens là; je m'inquiète fort peu du reste. Ce qu'il y a de sûr, c'est que je ne fraterniserai jamais avec les grenouilles ni les chauves-souris. Nous resterons vertébrés, puisque vertébrés il y a, chacune de notre côté, et ne ferons jamais ménage ensemble.

OCTAVE

Quand ta mauvaise humeur aura passé, tu changeras de manière de voir relativement à l'étude de la zoologie, surtout lorsqu'en devenant plus grande il te sera facile d'apprendre sérieusement l'histoire si intéressante des animaux. « La nature, me dit mon maître, devrait être le premier livre de l'enfance; c'est là que nous voyons la grandeur de Dieu, et que nous apprenons à élever vers lui nos cœurs. »

GERMAIN

D'ailleurs, notre ressemblance avec les animaux n'est qu'extérieure, et Dieu, dans sa bonté, a mis une distance immense entre l'homme et la bête, distance que l'instinct le plus parfait d'un animal ne pourra jamais franchir.

FLAVIE

Cela une fois bien entendu, puisque nous avons une âme faite à l'image de Dieu, aimons les animaux. Moi, j'ai une passion pour eux; je crois que je caresserais une vipère.

CATHERINE

Terminons cet entretien, je vous en prie, car nous finirions par dire des énormités. Vouloir caresser une vipère! c'est monstrueux. Adieu, Flavie; adieu, vous tous.

TOUS LES ENFANTS, *riant.*

Adieu, Catherine. (*En se regardant.*) Je crois qu'elle est fâchée contre nous; il faut aller la rejoindre. (*Ils sortent.*)

VIII

LES FOURRURES

Personnages : AMABLE, BARTHÉLEMY, YVONNE,
MÉLANIE, COME

AMABLE

Je trouve que rien n'est beau comme les fourrures. On a chaud rien qu'à les voir, et l'on éprouve un certain bien-être rien qu'à les regarder pendant une froide journée d'hiver.

YVONNE

Mais le pauvre couvert de haillons doit avoir bien froid !

AMABLE

Il ne fait pas attention aux belles fourrures.

MÉLANIE

Tu crois ? Le pauvre est accessible à la souffrance comme le riche, et comprend ce qui pourrait la soulager. Il s'endurcit, c'est vrai, se roidit contre l'infortune ; mais il sent comme nous.

BARTHÉLEMY

Coûtent-elles cher?

CÔME

Fort cher; mais l'on peut très-bien s'en passer; néanmoins d'en avoir c'est chose agréable.

AMABLE

C'est vrai. Quand je vois maman avec son manteau garni de martre, et ses deux mains dans un beau manchon ouaté et doublé de satin, je me dis : Petite mère doit avoir chaud; elle peut affronter la glace et la bise; puis maman est toujours bien, mais quand elle est parée, elle est charmante; c'est vraiment une grande dame; papa le dit.

BARTHÉLEMY

Oh ! la mienne aussi est charmante, même sans fourrure.

YVONNE

Toutes nos mamans sont bien, car il n'y en a pas une qui ne soit bonne au superlatif.

CÔME

Alors, si l'on n'est pas très-riche, pas de fourrure?

MÉLANIE

Oh ! pardon; il en est de cela comme de toute autre chose, il y en a de toutes les qualités, et par conséquent pour toutes les bourses.

CÔME

Mais tu dis, Amable, que la martre est la plus recherchée? Comment cet animal est-il fait?

AMABLE

C'est une espèce de fouine, ainsi que l'hermine, qui est si belle que de sa fourrure on fait les manteaux des rois. Elle est blanche et noire.

MÉLANIE

La peau du tigre est aussi fort appréciée; elle est fauve et rayée de bandes transversales de couleur brune. Celle du léopard est aussi fort belle et tachetée, mais non rayée.

YVONNE

Moi, ce que j'admire le plus, c'est la bonté de la Providence, qui sait pourvoir à tous nos besoins, et distribue çà et là des trésors inépuisables dont profitent le commerce, l'industrie et les arts.

MÉLANIE

Mais nous en jouissons sans reconnaissance, et nous ne savons pas assez remercier le Seigneur pour de si grands bienfaits.

YVONNE

C'est vrai; ainsi remarquez que ces fourrures dont nous parlons viennent surtout des pays du Nord, où elles sont si utiles!

Connaissez-vous aussi ce petit animal appelé civette, qui possède un parfum pénétrant dans une espèce de poche, et dont les Hollandais font un commerce considérable?

BARTHÉLEMY

J'ai lu quelque part qu'ils élèvent des civettes dans des cages, et les nourrissent de poisson et de viande hachée, d'oiseaux et de riz.

AMABLE

Quels petits carnassiers !

YVONNE

Comme la belette, l'hermine, la martre et le putois. Ensuite, tous les quatre ou cinq jours, ceux qui élèvent les civettes pressent la poche de l'animal afin d'en faire sortir la matière parfumée.

BARTHÉLEMY

Si la terre est si riche, qu'est-ce que doit être le ciel !

YVONNE

C'est la demeure de Dieu, où il manifeste sa gloire, qu'il veut nous faire partager si nous savons la mériter.

AMABLE.

Je veux bien la partager, mais je tiens aussi à rester bien longtemps sur la terre, afin d'en connaître chaque jour davantage les beautés. Je veux vieillir pour apprendre et pour jouir. Je veux porter des lunettes ; je veux devenir grand-papa.

TOUS LES ENFANTS, *riant.*

Amable, que tu es plaisant ! Tu ferais rire quand bien même on n'en aurait pas envie. Eh bien, adieu, grand-papa, ne toussez pas trop cette nuit, dormez bien.

AMABLE, *en branlant la tête, et d'une voix chevrotante.*

Adieu, adieu, mes chers enfants ; aimez toujours bien votre grand-papa, qui va bientôt avoir quatre-vingt-dix ans.

TOUS LES ENFANTS, *en se sauvant.*

Bon Dieu! quel vieux grand-papa!

———

IX

LA SAINTE-ENFANCE

Personnages : LUCAS, ANDRÉ, GABRIEL, PERRETTE, ANTONIN, MARIEN, GRÉGOIRE, MARGUERITE, JULIE, LOUISE

LUCAS

Je suis encore tout joyeux de la cérémonie à laquelle j'ai assisté aujourd'hui. Je n'avais jamais vu tant d'enfants réunis à l'église ; on y célébrait la fête de la Sainte-Enfance.

MARIEN

Qu'est-ce que c'est que la Sainte-Enfance ? C'est la première fois que j'en entends parler.

ANTONIN

C'est une œuvre établie pour le rachat des pauvres petits infidèles qui demeurent bien loin, bien loin au delà des mers.

MARIEN

Et pourquoi les rachète-t-on ? Ils n'ont donc pas, comme nous, un papa et une maman ?

MARGUERITE

Si; mais ils n'ont pour eux aucune tendresse,
surtout s'ils naissent avec quelque infirmité.

MARIEN

Alors qu'est-ce qu'ils en font?

MARGUERITE

Oh! c'est horrible à dire. Ils les jettent à l'eau,
ou les font manger par les pourceaux.

GILBERT

Ce n'est pas possible!

PERRETTE

C'est plus que possible, c'est certain. Voilà
comment sont traités ces pauvres petits Chinois
que nous Français nous devons acheter, afin de
les préserver d'une mort aussi cruelle.

ANDRÉ

Faut-il beaucoup d'argent pour les acheter?

PERRETTE

L'obole d'un sou par mois, ce qui fait la mo-
dique somme de soixante centimes par an.

ANDRÉ

Je veux être associé, et aujourd'hui même je le
demanderai à maman.

MARIEN

Moi aussi, et alors nous serons de la fête dont
Lucas nous a parlé.

JULIE

Mais certainement; et vous aurez l'honneur
d'être membre de l'association. On enverra votre
nom, que portera le jour de son baptème un de
nos protégés de la Chine.

ANDRÉ

Je demanderai même à maman qu'elle me donne davantage, parce qu'on m'a dit que j'étais riche; alors je puis bien dépenser tout l'argent que je veux.

JULIE

Les enfants, mon ami, n'ont rien à eux, quand même leurs parents seraient riches, et ne peuvent, par conséquent, pas dépenser tout l'argent qu'ils veulent.

ANDRÉ

Aussi maman ne veut-elle pas qu'on me dise que je suis riche; mais les domestiques me le disent toujours.

JULIE

Oh! ils ont grand tort. D'abord les enfants ne possèdent rien, et Dieu, qui donne la fortune à leurs parents, peut les en priver quand il lui plaira.

MARGUERITE

Puis, la fortune n'est pas un mérite. Le plus grand ignorant du monde peut avoir une bourse pleine, est-il néanmoins autre chose qu'un sot?

ANDRÉ

Mais puisque c'est le bon Dieu qui donne la fortune, qu'est-ce qu'il veut qu'on en fasse?

ANTONIN

Ce que tu disais tout à l'heure de notre association. Il veut qu'on donne beaucoup, si l'on a beaucoup.

ANDRÉ

Ah ! oui. Je me rappelle d'avoir lu dans mon Histoire sainte que Tobie disait à son fils : « Si vous avez beaucoup, donnez beaucoup ; si vous avez peu, donnez de ce peu, mais de bon cœur. »

LUCAS

Et ce peu donné de bon cœur contente aussi le bon Dieu ?

PERRETTE

Il nous dit lui-même qu'un verre d'eau donné en son nom ne restera pas sans récompense.

LUCAS

Ce que tu dis là me fait bien plaisir, Perrette, car je crois que mes bons parents ne sont pas très-riches ; mais je sais qu'ils ne me refuseront pas les douze sous ; ils m'embrasseront même quand je les leur demanderai.

ANDRÉ

Tu es bien heureux, va, de ne pas toujours entendre dire : Vous êtes riche. C'est ridicule. Je ne veux plus qu'on m'en parle, et je le défendrai. Mais je dirai à maman : Petite mère, donnez-moi une grande pièce pour l'œuvre de la Sainte-Enfance.

MARGUERITE, *souriant.*

Mais, mon ami, la plus grande n'est pas toujours celle qui a le plus de valeur. Il y en a de jaunes de dix et de vingt francs dont la grandeur est moindre que celle du sou.

ANDRÉ

Ah ! je ne savais pas. Eh bien, va pour la jaune ;
je demanderai vingt francs.

LUCAS

Voulez-vous maintenant me laisser continuer
la description de la fête de ce matin ?

ANDRÉ

Continue, continue, nous ne demandons pas
mieux.

LUCAS

De bonne heure, les enfants bien parés atten-
daient avec une grande impatience l'heure de la
messe. Elle commence enfin. Tout le monde
chante, petits et grands, et les voix enfantines
dominent ce pieux concert.

Un prédicateur, pour nous, car il s'était dé-
rangé, remarquez-le bien, tout exprès pour nous,
s'adresse, d'un air satisfait, à son petit auditoire,
et lui fait entendre de douces paroles. La joie est
peinte sur tous les visages, et moi aussi j'étais
bien content.

ANDRÉ

Nous, enfants, nous mettons la gaieté partout
où nous passons. Ensuite.

LUCAS

Au milieu du chœur était la statue de l'enfant
Jésus entourée de fleurs et de rubans. On lut à
ses pieds l'acte de consécration ; nous reçûmes la
bénédiction du très-saint Sacrement, et chacun
se retira enchanté.

ANDRÉ

Je le crois sans peine. Les petits bienfaiteurs et les petites bienfaitrices des enfants infidèles ont sans doute pour patron l'enfant Jésus?

LOUISE

Oui, et c'est pour nous un grand honneur, car il n'y a pas de patron pareil à celui-là, puisqu'il est dit de lui qu'il est le Saint des saints.

JULIE

Combien nous devons chérir notre association !

GABRIEL

C'est un vénérable évêque qui eut la pensée de la fonder, parce que, ayant été en Chine, il témoin du malheureux sort des pauvres petit infidèles.

ANDRÉ

Comment s'appelle-t-il?

JULIE

Monseigneur de Forbin-Janson.

ANDRÉ

Où est-il?

GABRIEL

Au ciel, où il nous voit avec bonheur nous occuper de ses chers petits Chinois et faire prospérer son œuvre.

ANDRÉ

Il est mort?

MARGUERITE

Oui, et un grand nombre de ses enfants forment autour de lui un auguste cortége d'anges.

LUCAS

Que fait-on de ceux qui grandissent après qu'on les a soustraits à la cruauté de leurs parents?

LOUISE

On les élève dans des écoles dirigées par de bonnes sœurs qui en prennent le plus grand soin.

GRÉGOIRE

Et quand ils ont grandi, ils rendent à leur tour d'importants services à la religion et à la famille.

LUCAS

Quels services?

LOUISE

Les choses se passent comme en France. Quand ces enfants ont atteint l'âge d'homme, ils se marient ou se donnent au bon Dieu pour faire dans leur pays le plus de bien possible, et gagner, à leur tour, des âmes à Jésus-Christ.

GABRIEL

Ceux qui se marient donnent dans leur famille le bon exemple, et préparent ainsi à devenir chrétiens leurs parents qui ne le sont pas.

MARGUERITE

Et il leur faut une grande énergie pour surmonter les obstacles de toutes sortes. Le Chinois cependant est faible par caractère, mais il puise dans sa foi le courage et la générosité des premiers chrétiens. Les enfants mêmes refusent d'apostasier, et se laissent trancher la tête.

ANDRÉ

Voilà ce qui s'appelle avoir du courage !

LUCAS

Et ceux qui ne se marient pas, que font-ils ?

LOUISE

Des prêtres et des religieuses. En se dévouant ainsi au salut de leurs frères et de leurs compatriotes, ils font une riche moisson d'âmes, et acquièrent de grands mérites devant Dieu.

ANDRÉ

Ah! quelle belle œuvre ! Je me sens tout fier !

MARGUERITE

Et nous aussi, nous avons nos petits dévouements. On raconte dans les Annales de la Sainte-Enfance qu'un enfant de quatre ans, ne pouvant se procurer les douze sous, vendit son oiseau, et en apporta l'argent à la sœur.

ANDRÉ

A la bonne heure, j'aime ça.

LUCAS

Quel heureux petit oiseau qui racheta une âme, et quel charmant enfant d'avoir eu un si bon sentiment ! Faisons de même, et jurons ici de ne jamais abandonner notre œuvre.

TOUS LES ENFANTS

Nous le jurons.

X

LE PETIT OISEAU

Personnages : GUI, ANNETTE, HENRI, BERNARD,
ZOÉ, REMI, DOMINIQUE

GUI

J'ai découvert dernièrement un nid, et j'y ai pris le petit oiseau qui y était couché, attendant sa maman.

ZOÉ

Et quand la maman est revenue, elle a trouvé le nid vide, et a eu bien du chagrin.

GUI

Sans doute, et je n'ai pas songé à cela! Une autre fois je laisserai le petit oiseau dans son nid, pour que sa mère le retrouve quand elle lui portera sa nourriture.

HENRI

C'était peut-être un petit moineau?

REMY

Peut-être aussi un colibri?

DOMINIQUE

Le colibri ne s'acclimate pas en Europe, il lui faut les pays les plus chauds ; mais il est joli, joli, et si mignon, qu'on l'a comparé à l'oiseau-mouche.

BERNARD

De quelle couleur est-il ?

DOMINIQUE

De différentes couleurs, et elles sont toutes éblouissantes. Imagine-toi les plus belles pierres précieuses ; celles qui sont bleues, vertes, rouges ; c'est la nuance de son plumage. Il s'envole sur les fleurs avec des ailes tout au plus grosses comme celles du papillon.

HENRI

De quoi se nourrit-il ?

DOMINIQUE

Il plonge dans le calice des fleurs son bec effilé, . et en suce avec sa petite langue la liqueur qui y est contenue.

GUI

Ces jolis petits oiseaux font-ils aussi des nids ?

ZOÉ

C'est ce qui t'inquiète. Tu voudrais en avoir quelques-uns sous ta main, n'est-ce pas ? afin de t'en emparer, et de faire pleurer leurs mamans.

GUI

Puisque je t'ai dit que je ne le ferais plus.

ZOÉ

A la bonne heure ; alors tu es bien gentil.

DOMINIQUE

Puisque tu t'intéresses aux nids, je te dirai que les colibris en font de mignons comme eux.

REMY

Cela doit être.

GUI

Ils sont tout petits, tout petits?

DOMINIQUE

Gros comme la moitié d'une coquille de noix.

ANNETTE

Quelle merveille !

DOMINIQUE

Ils le forment d'abord de brins de mousse, et le garnissent à l'intérieur du duvet le plus moelleux qu'ils enlèvent aux fruits du cotonnier.

GUI

Voilà qui est un peu singulier. Le coton avec lequel maman me tricote des bas provient donc d'un arbre?

DOMINIQUE

Oui, d'un arbre.

ZOÉ

On nous l'a dit à la classe, mais les petits dénicheurs d'oiseaux n'écoutent pas la leçon et se trouvent pris.

ANNETTE

Ne le contrarie plus, puisqu'il a promis d'être sage.

GUI

Puis, lorsque je n'aurai pas bien écouté, je

demanderai à Dominique; c'est plus commode.

BERNARD

Alors tu cherches le commode?

GUI

Oui, et l'amusant surtout; les enfants c'est fait pour s'amuser. Entendez comme les oiseaux s'en donnent! Écoutez leur doux ramage. Quels babillards! Tu en étais au nid. Dis-moi, Dominique, sur quoi ils le posent.

DOMINIQUE

Pour aujourd'hui, je veux bien aller jusqu'au bout; mais sache bien, Gui, que je ne veux pas favoriser ta paresse. Le colibri suspend son nid avec des fils de soie souples et légers.

REMY

Il a de la soie toute prête pour son usage.

DOMINIQUE

Les chenilles la lui donnent, la lui fournissent.

BERNARD

Et leurs œufs ne doivent pas être plus gros que des grains de café?

DOMINIQUE

Tout au plus.

GUI

Oh! si j'avais des ailes comme l'oiseau, je voltigerais deci delà, cherchant la gaieté et m'amusant d'un rien.

DOMINIQUE

Mais le colibri, tout délicat qu'il est, sait braver

les dangers et défendre ses petits au péril de sa vie, même contre le terrible serpent-oiseleur.

ZOÉ

Contre un serpent !

DOMINIQUE

Il cherche à lui crever les yeux avec son bec, et souvent il y réussit.

REMY

En un mot, il est un peu rageur et même colère.

DOMINIQUE

Mais il est vaillant.

GUI

Il défend ses petits, c'est très-bien; c'est comme nous, le bon Dieu nous a donné nos mamans afin qu'elles nous protégent; nous sommes leurs petits oiseaux chéris. C'est bon une maman, c'est tout ce qu'il y a de meilleur au monde.

TOUS LES ENFANTS, *en se retirant.*

C'est tout ce qu'il y a de meilleur au monde.

XI

UN JOUR DE FÊTE[1]

Personnages : ANNA, JULIETTE, CYPRIEN, JUSTIN, SUSANNE, CONSTANCE, LÉONCE, ÉMILE

ANNA

Quand nous serons auprès de notre bonne mère, nous lui dirons : Voilà tous vos enfants réunis autour de vous pour se réjouir du beau jour de votre fête, et vous prier d'agréer leurs vœux et leurs souhaits.

ALICE

Voilà tout ? Il faudrait bien ajouter quelque chose, le compliment est un peu court.

ÉMILE

Tu as raison, Cyprien ; toi qui es fin comme un petit renard, tire-nous d'embarras.

CYPRIEN

C'est bien simple, au compliment ajoutons un

[1] Pour une supérieure.

beau bouquet; chacun de nous pour le grossir choisira sa fleur.

TOUS LES ENFANTS

Oui, oui, bravo, bravo.

JUSTIN

Et la bonne mère de dire : Oh! qu'ils sont gentils mes petits enfants. Vite des dragées, des dragées.

SUSANNE

Tu ne penses qu'aux gourmandises, mon cher Justin.

JUSTIN

Ah! c'est que notre bonne mère nous gâte un peu. Tantôt c'est une belle tartine sur laquelle il y a de la bonne gelée de groseille, que l'on fait avec ces petites grappes qui tiennent à un arbuste appelé groseillier. D'autres fois, ce sont des dragées faites avec du sucre et des amandes.

FANNY

Et un autre jour, ce sont des gâteaux que l'on fait aussi avec du sucre, de la belle farine, et où il y a quelquefois de la confiture. Aussi, le jour de sa fète, je lui dirai : Tenez, bonne mère, voilà une belle rose que votre petite Fanny vous offre; c'est la reine des fleurs, comme vous êtes celle de nos cœurs.

LÉONCE

Et moi, j'aurai du jasmin. Oh! la jolie petite fleur, mère! comme elle sent bon! C'est Dieu qui lui a dit : Petite fleur, sois blanche et parfumée, et que de ta tige s'échappent des feuilles aussi délicates que tes fleurs. Comme il travaille bien, le bon Dieu !

ALICE

Tu as dit : de la tige ? Qu'est-ce que c'est que la tige ?

CYPRIEN

Pourquoi nous interrompre ? La tige c'est ce qui supporte les fleurs et les feuilles d'où elles s'échappent. Voyons, petite questionneuse, quelle fleur choisiras-tu ?

ALICE

Un bel œillet, et je lui dirai : Charmant œillet, va grossir le bouquet de mère chérie, et sois-en le roi comme la rose de Fanny en est la reine.

SUSANNE

Moi, je grossirai le bouquet avec de l'héliotrope, fleur sans éclat, mais que le souverain ouvrier du ciel a douée d'une odeur exquise.

CYPRIEN

Moi, je ne rechercherai pas les odeurs; je ne les aime guère, elles me font mal à la tête. J'offrirai une branche d'immortelles. Mère, voilà, dirai-je, l'image de notre âme, puisqu'elle ne doit jamais mourir. Les fleurs qui sentent bon se fanent; mais la mienne, comme notre âme, vivra toujours.

JUSTIN

Et moi, je me creuse la tête, voulant aussi trouver ma fleur. Bon, j'y suis. Je réunirai toutes les vôtres; j'en formerai mon bouquet aussi bien que possible, n'étant pas très-adroit; mais je prierai Susanne de m'aider ; je l'offrirai au nom de tous, parce que je suis le plus grand, et je dirai à notre bonne mère : Vos petits enfants vous prient d'accepter ce bouquet comme un témoignage de leur tendresse.

SUSANNE

Comme la bonne mère sera contente d'entendre si bien parler ses petits enfants ! Nous aurons de belles images, et chacun un bon baiser sur les deux joues.

CYPRIEN

Allons vite, nous n'avons pas de temps à perdre, je n'y tiens plus. Suivez-moi, mes amis. (*Ils sortent en courant.*)

XII

LA NAVIGATION

Personnages : OCTAVE, CHRISTOPHE, MARCEL,
SÉBASTIEN, VINCENT, MÉLANIE

CHRISTOPHE

Au seul nom de mer, je sens battre mon cœur,
et j'attends avec impatience mes quinze ans afin
de pouvoir m'embarquer.

OCTAVE

J'ai bien un peu ce même goût ; mais je ne suis
cependant pas aussi pressé que toi, et sur les
genoux de ma mère, quand je cherche ses ca-
resses, j'oublie l'Océan et ses flots.

CHRISTOPHE

Mon cher, demande à un marin si c'est sur les
genoux de sa mère que lui est venu le goût des
voyages lointains ; tu verras ce qu'il te répondra.

SÉBASTIEN

Je m'en doute : il dira, très-probablement, qu'il

ne faut pas confier ces secrets à sa mère, qui en détournerait bel et bien son fils chéri.

Je crois, Octave, que tu n'es pas encore ferré sur la science nautique; aussi est-ce Christophe qui va plus sûrement nous raconter ce qu'il sait de la navigation. Regardez comme son œil brille. Le voilà déjà à la poupe, à la proue.

CHRISTOPHE

Ah! la mer, mes amis, offre, en effet, un magnifique sujet d'étude, un vaste champ de bataille où se sont vidées les plus fameuses querelles des temps anciens et modernes; c'est le but vers lequel ont tendu les plus énergiques efforts de l'esprit humain.

VINCENT

Comment cela?

CHRISTOPHE

Il faut que je remonte bien haut pour te dire comment cela, mon cher.

Il n'est rapporté nulle part que le saint homme Noé eût laissé en mourant un specimen de l'arche qui, au temps du déluge, porta le salut du monde. Elle devait cependant être construite admirablement, puisque Dieu même en avait réglé les proportions.

SÉBASTIEN

Et alors?

CHRISTOPHE

Alors viennent les radeaux, les pirogues ou simples barques. On ne se servait que de la rame pour conduire ces bâtiments faibles et légers;

mais à mesure que la navigation s'étendit et devint plus fréquente, on perfectionna la construction des navires, et on trouva l'art de s'aider par le moyen des mâts et des voiles. Le premier vaisseau, qui sortit des ports de la Grèce, dut servir à l'expédition des Argonautes, en Colchide, 1253 ans avant Jésus-Christ.

MARCEL

Que vas-tu chercher?

OCTAVE

Laisse-le parler.

CHRISTOPHE, *souriant.*

Est-ce que la vocation viendrait? Alors suis-moi attentivement. On prétend que c'est en voulant s'échapper de l'île de Crète que Dédale inventa les voiles à la faveur desquelles il traversa la flotte de Minos sans qu'on pût l'arrêter. Mais qu'il y a loin de la construction des vaisseaux de ces anciens temps à la construction navale qui, de nos jours, est devenue un art si compliqué !

MARCEL

Et ce que tu nous dis est aussi assez compliqué; mais je respire puisque tu arrives enfin à des temps plus dignes d'intérêt.

CHRISTOPHE

Il faut toujours mettre de l'ordre dans ses idées, et, quand on veut expliquer une chose, commencer par le commencement.

MARCEL

Voilà ce qui s'appelle raisonner en vrai conducteur de boussole, qui ne perd pas de vue son affaire.

CHRISTOPHE

Au nom de la mer, mes amis, les âges ne présentent qu'une phalange serrée de héros ou d'hommes de génie qui ont leur place, au premier rang, parmi les plus illustres renommées de la terre.

MARCEL

Voyons ces renommées, si j'en connaîtrai quelques-unes. Je ne suis pas non plus indifférent à la gloire, mais je l'aime sur la terre ferme. Comment la trouverai-je? Je n'en sais rien; j'ai le temps d'y penser.

CHRISTOPHE

Pour moi, ce n'est pas de même; j'ai treize ans. Deux années encore, et il me faudra passer de sérieux examens.

MARCEL

Aussi tu en sais déjà long. Continue, continue. Octave, comme tu ouvres les yeux !

OCTAVE

Et les oreilles.

CHRISTOPHE, riant.

Décidément la vocation fait des progrès; nous dirigerons la boussole ensemble. Les renommées dont je vous parlais sont : Christophe Colomb, qui nous donna les Amériques; Gama, l'Afrique méridionale et les Indes; leurs successeurs ont ouvert à la civilisation, à la science, au christianisme tous les continents et toutes les îles. Les véritables conquêtes ont été faites par des marins. Fernand Cortez, méconnu, fit donner cette fière réponse à Charles-Quint, qui demandait : « Quel est cet homme? — Allez dire à Sa Majesté que cet homme a conquis plus de royaumes que ses ancêtres ne lui ont laissé de provinces. » Il avait le droit de parler en maître, il venait de s'emparer du Mexique.

MÉLANIE

Tu dis que tous ces hommes illustres ont ouvert au christianisme les continents et les îles? Oh! c'est là vraiment une grande chose.

MARCEL

Ah! charmante petite cousine, tu lèves enfin le nez et tes beaux yeux. Je croyais que ta broderie allait s'achever, et que tu y tenais, tant tu étais en train. Les petites filles, ça n'a pas l'air d'écouter; puis tout à coup ça place son mot. Je vois que tu t'intéresses au christianisme; ma foi, tu as bien raison, moi aussi.

CHRISTOPHE

Puisque Marcel ne tient pas à l'historique des temps anciens, abordons tout de suite les croisades.

MARCEL

Je veux bien. Ce cri : *Dieu le veut!* qui retentit dans toute l'Europe à la voix de l'ermite Pierre, a quelque chose de martial qui me va.

CHRISTOPHE

C'est au temps des croisades qu'on peut fixer

la première époque du commerce et de la navigation en Asie. Cette communication entre l'Orient et l'Occident subsista pendant près de deux siècles. Les Génois, les Pisans et les Vénitiens fournirent les bâtiments sur lesquels s'embarquèrent les croisés. Les pèlerins qui revenaient d'Asie communiquaient à leurs concitoyens les connaissances qu'ils avaient acquises. Le goût des arts se répandit bientôt; les étrangers furent encouragés à venir dans nos ports; une immense impulsion fut donnée au commerce.

SÉBASTIEN

Dis-nous encore quelque chose touchant le christianisme.

CHRISTOPHE

Pour faire plaisir à Marcel, je vais enjamber plus de deux siècles, et j'arrive à saint François-Xavier, l'apôtre des Indes et du Japon, le disciple bien-aimé de saint Ignace de Loyola.

L'an 1542, la flotte partie du port de Lisbonne arriva au port de Goa, et saint François-Xavier prit possession de cette terre témoin des actes les plus sublimes qu'un missionnaire puisse accomplir.

MARCEL

Qu'est-ce que c'est qu'une flotte?

CHRISTOPHE

Un certain nombre de vaisseaux de guerre ou de commerce.

Quand saint François-Xavier parut au Japon, sa figure étrangère lui attira bientôt le mépris, mais sa vertu et ses miracles changèrent ces dispositions peu favorables, auxquelles fit place le plus grand respect.

Il mourut à l'île de San-Cham, à la vue de la Chine, où il voulait passer, le Japon ne suffisant plus au dévouement de cette grande âme.

MÉLANIE

Et combien de saints missionnaires ont, comme saint François, monté avec joie le navire qui devait les mener à la conquête des âmes rachetées par le sang de Jésus-Christ !

CHRISTOPHE

De nos jours, ils suivent encore la route que leur fraya saint François-Xavier.

OCTAVE

La rade, Christophe, n'est-ce pas l'endroit où le vaisseau est à l'abri du vent, et stationne en sûreté le long des côtes ?

CHRISTOPHE, *d'un air caressant.*

Allons, allons, je vois que nous sommes un peu au courant de ce qui regarde la mer. Eh bien, je te dirai, mon ami, que dans tous les ports il y a une hauteur ou jetée, un bout de rempart qui domine la rade. C'est de là qu'on aperçoit le mouvement des navires. C'est là que s'assemblent les marins ; c'est là qu'ont lieu les scènes émouvantes, les séparations, les retours, et souvent, hélas ! les déceptions navrantes, quand ces retours n'ont pas lieu parce que la mer en courroux en a décidé autrement.

OCTAVE

Ah ! oui, la tempête ; c'est le revers de la médaille.

CHRISTOPHE

Tu crois ? Cette émotion, va, en vaut bien une autre ; et quand la mer est sillonnée par cinq ou six vagues longues et élevées, semblables à des chaînes de collines qui vont engloutir le vaisseau, l'âme du chrétien se réveille, et le marin, regardant le ciel au milieu d'une nuit profonde et lugubre, aperçoit l'étoile mystérieuse resplendissant au-dessus du nom de Marie. La tempête se calme, et le navire arrive enfin au port ballotté par les flots écumants.

MÉLANIE

Et les sanctuaires de la Mère de Dieu, sur les bords de l'Océan, sont remplis d'ex-voto attestant la protection de Marie sur ceux qui l'ont, à l'heure du péril, invoquée avec confiance.

OCTAVE

Maintenant, Christophe, que tu m'as rappelé cette puissante protection de la sainte Vierge sur ceux qui espèrent en elle au moment du danger, je ne crains plus rien, et je crois décidément avoir la même vocation que toi. Je vais travailler pour suivre la même carrière périlleuse, afin de partager tes craintes et tes espérances.

MARCEL

Voilà au moins un ami dévoué ; et quand, après la tempête, la voile du vaisseau apparaîtra enfin, si un cri de joie se fait entendre, ce sera moi qui l'aurai poussé. Plus tard, quand vos noms seront inscrits sur le cadre des amiraux, regardez un jour, quelque part, si vous ne rencontrez pas sur celui des maréchaux de France le nom de votre ami Marcel.

XIII

LES JEUNES VOYAGEURS

Personnages : LE GUIDE, LÉOPOLD, FRÉDÉRIC,
ROLAND, JAMES, MAURICE, LUCIEN,
GONZALVE

LE GUIDE

Vos parents, mes jeunes amis, vous ont confiés
à moi après avoir reçu la certitude que ma vigi-
lance ne vous ferait pas un instant défaut. De
votre côté, vous avez pris l'engagement de vous
laisser conduire en soumettant vos décisions à la
mienne ; ceci bien entendu et bien compris, en
route, voyageurs et colis.

LÉOPOLD

Nos parents, Monsieur, connaissant le guide
éclairé auquel ils nous confient, n'ont pas hésité
un seul instant dans leur choix, et vont nous procurer les plus agréables vacances que nous ayons
jamais passées. Nous sommes donc bien disposés
à reconnaître leurs bontés dans nos rapports avec
vous.

LE GUIDE

Et moi, malgré la responsabilité qui m'incombe dans le précieux dépôt que je me suis chargé de sauvegarder pendant un mois, je me mets sans crainte en route, sous le regard de Dieu, en lui confiant mes chers protégés.

ROLAND

La Suisse et l'Auvergne, voilà un charmant itinéraire, bien suffisant pour un mois de voyage.

LE GUIDE

Encore ne ferons-nous que l'effleurer ; car, pour voir en détail ces deux contrées, un mois ne suffirait pas.

(*Une voix tonnante, qui résonne aux deux extrémités de la gare, appelle les voyageurs pour la ligne de l'Est.*)

FRÉDÉRIC

Inutile de nous compter, nous remplissons le compartiment, nous ne serons gênés par aucun voisin, nous avons payé en conséquence. Monsieur, prenez donc un coin.

LE GUIDE

Merci, mon ami, j'accepte ; nous voilà casés.

(*Un coup de sifflet prolongé annonce le départ ; la locomotive, mise en mouvement, s'enfuit à toute vapeur.*)

JAMES

La journée sera belle. Permettez, Monsieur, que je dorme quelques instants ; je me suis levé de bonne heure, le sommeil me gagne ; **vous** voudrez bien me réveiller si vous avez quelque chose à me faire remarquer.

LE GUIDE

Mon ami, nous allons à toute vapeur. Jusqu'à Mâcon, il ne sera guère possible de prendre une note, dormez en paix.

JAMES

Bien, Monsieur, merci.

FRÉDÉRIC

Voici Melun, que 'nous connaissons depuis longtemps. Fontainebleau n'est pas loin. J'ai dû y aller maintes fois, et ce petit voyage est toujours resté à l'état de projet.

LE GUIDE

Il nous le faudra faire quelque jour. Le château est un des plus beaux que nous puissions visiter, la forêt est magnifique.

On annonce Montereau Fault-Yonne. Bientôt nous serons à Dijon. Nous y voilà; réveillez James pour tout de bon, et hâtons-nous de descendre. Nous faisons halte ici jusqu'à demain soir.

JAMES, *en se frottant les yeux*.

Nous sommes déjà à Dijon? Bon, je ne serai pas fâché de me dégourdir un peu les jambes et de me réveiller tout à fait.

GONZALVE

Monsieur, je vais réclamer nos bagages. Veuillez vous occuper de l'hôtel, je vous rejoins.

MAURICE

Je te suis; à nous deux nous activerons la besogne.

LE GUIDE, *après un moment d'attente.*

Vous voilà déjà de retour? Montez en voiture ; nous ne sommes pas trop à l'aise, mais le trajet est court, dit le conducteur.

JAMES

Ah ! ah ! l'hôtel s'annonce bien ; qu'on nous sépare le moins possible. Garçon, donnez-nous des chambres proches les unes des autres.

LE GUIDE

A neuf heures, demain, soyez prêts; nous visiterons le musée; vous pourrez voir les admirables tombeaux des ducs de Bourgogne, Philippe le Hardi et Jean Sans-Peur, et celui de Marguerite de Bourgogne, xve siècle, autrefois placés dans le riche couvent des chartreux, près de Dijon, qui n'existe plus. Le palais des ducs de Bourgogne a fait place à l'hôtel de ville.

JAMES

Monsieur, nous sommes contents de notre journée; la fatigue ne s'est pas encore fait sentir; demain, de bonne heure, nous serons à Mâcon.

LE GUIDE

Je l'espère. Nous aurions à voir non loin de là Cluny, et vous aimeriez peut-être à chercher dans Mâcon les souvenirs encore récents qu'y a laissés le grand poëte Lamartine, que Mâcon a vu naître; mais j'ai hâte de vous conduire à Genève.

JAMES

Et moi, je voudrais y être.

FRÉDÉRIC

Il faut modérer ton impatience; elle est l'ennemie jurée d'une observation consciencieuse qui ne veut rien laisser échapper. Pour rendre les voyages intéressants, il faut observer. N'est-ce pas, Monsieur?

LE GUIDE

Vous avez parfaitement raison, et je serais heureux que James profitât de votre avis.

JAMES

Monsieur, je tâcherai d'en profiter. Enfin, bientôt nous serons à Genève.

LE GUIDE, *souriant.*

Oui, et je vous avertis que ce sera pour cinq ou six jours, afin d'avoir le temps d'examiner ce qu'il y aura de plus utile à votre instruction.

JAMES

Bien, bien, Monsieur. Surtout, faites-nous promener le plus possible; libre à Frédéric d'observer tant qu'il voudra. Il est fait pour être directeur d'un observatoire; il plongera jusqu'à la lune et aux étoiles; mais, cela soit dit sans humeur, je sais que nous devons voyager en compagnie de la plus parfaite cordialité, et ce n'est pas moi qui veux l'oublier.

LE GUIDE, *avec bonté.*

Mon ami, j'en suis persuadé. C'est au retour que vous maîtriserez un peu la fougue de votre caractère, n'est-ce pas?

JAMES, *gracieusement.*

Oui, Monsieur, je conviens de ma vivacité.

LÉOPOLD

Monsieur, tout est prêt, hâtons-nous.

LUCIEN

Comment! il est déjà l'heure de partir?

LE GUIDE, *d'un air inquiet.*

Mais il manque un de vous; où est James?

FRÉDÉRIC

Monsieur, il est en avant, et peut-être déjà à la gare.

LE GUIDE

Mon Dieu! quelle impétuosité dans cet enfant! mais c'est un noble cœur.

FRÉDÉRIC

Monsieur, je l'aperçois assis sur un tas de pierres, nos bagages le devancent.

LE GUIDE

Bon, me voilà tranquille.

JAMES *accourt vers le guide.*

Vite, Monsieur, de l'argent, on sonne pour prendre les billets.

LE GUIDE

Modérez-vous, mon ami, et surtout ne vous trompez pas. (*Il lui donne de l'argent.*)

On entre dans les salles d'attente; James s'est précipité dans la gare et cause avec le mécanicien et le chauffeur. — Messieurs, à fond de train, si c'est possible; en un mot, la plus grande vitesse, je vous en prie. (*Il les fait rire.*)

LE GUIDE, *à James.*

Montez le premier, James; je ne serai en repos que quand je vous verrai installé.

JAMES

J'obéis, Monsieur. (*D'une enjambée il a pris sa place; les autres montent plus paisible-ment.*)

LE GUIDE

Maintenant, respirons.

JAMES

Monsieur, jusqu'à Genève nous aurons le temps.

LE GUIDE

Mon enfant, essuyez la sueur qui ruisselle de votre front.

JAMES

Oh! Monsieur, j'y suis habitué et n'y fais pas attention; mais puisque ma sueur vous in-quiète, allons, tamponnons-la. (*Il sort son mouchoir et se donne de grands coups sur la figure.*) Voilà qui est fait.

LE GUIDE

Mon Dieu, quelle pétulance! (*Tous rient.*)

JAMES

Mes amis, ne vous moquez pas de moi; je suis vif, mais j'ai bon cœur.

LE GUIDE

C'est une compensation; il faut bien qu'il en soit ainsi.

Comme mon plan de voyage est de vous donner, un peu d'avance, une idée de ce que nous devons visiter, je dois vous dire que Genève plaira à celui d'entre vous qui aime le mouvement; car il en est de cette ville comme de toutes celles qui sont industrielles et commerçantes.

FRÉDÉRIC

James, voilà ton affaire, du mouvement. Remarque bien ce mot : du mouvement.

LE GUIDE

Sa situation est pittoresque. Bâtie à l'endroit même où le Rhône sort du lac et divise la ville en deux parties. La cathédrale mérite d'être vue.

JAMES

Frédéric, remarque à ton tour : une cathédrale à voir ; et s'il y a du moyen âge, c'est à en perdre la tête.

LE GUIDE

Il faut savoir rendre hommage à l'inspiration religieuse, libre au moment des triomphes sur cette terre maintenant infectée d'hérésie. Les bas côtés et la nef datent du xe et du xie siècle. La façade est de 1749.

L'orfévrerie et la bijouterie, qui sont les principales industries de Genève, pourront un instant fixer votre attention.

JAMES

Monsieur, je crois que nous sommes proches ; je flaire la ville. Voyons, indicateur, où es-tu ? (*Il renverse tout ce qui est sur la banquette et parcourt l'indicateur avec précipitation. — Il fait un saut.*) Je ne me suis pas trompé !

LE GUIDE, *gravement.*

Encore une fois, modérez-vous, et rendez, en m'écoutant, votre voyage un peu fructueux.

JAMES

Oui, Monsieur, soyez tranquille, je n'oublierai

3*

rien et maman saura tout. Les mamans écoutent toujours avec bonheur et indulgence les récits de leurs enfants... Cette fois, Monsieur, entendez-vous la voix de stentor?

ROLAND

Oui, Monsieur, voilà Genève; vite nos sacs, et descendons.

LE GUIDE

Ne me perdez pas de vue, je vous en prie, James.

JAMES

Tenez, Monsieur, me voilà en omnibus; il est vide, hissez-vous dedans. Venez vite, on prendrait nos places. Voyez comme tous les voyageurs ont l'air affairé; ils vont s'y précipiter. Bon, nous y voilà tous. Mais, Monsieur, vous me recevez comme la poule fait de ses poussins, aussi avez-vous toujours la moins bonne place; venez donc là.

LE GUIDE

Merci, mon enfant, je suis très-bien. J'ai toujours peur que vous ne m'échappiez comme une anguille.

JAMES

Rassurez-vous, Monsieur; je suis désolé que ma turbulence fasse votre désespoir.

LE GUIDE, *souriant.*

Tranquillisez-vous à votre tour; je ne suis pas inquiet jusqu'au désespoir, et votre turbulence nous a déjà rendu bien des services.

GONZALVE

C'est vrai, il sait toujours nous réserver des places, et à l'hôtel nous trouver des lits.

JAMES

J'ai entendu dire qu'en voyage il faut avoir un peu d'audace, ou tout est perdu. Nous voilà arrivés, vite des chambres; débarbouillons-nous un peu et dînons, je meurs de faim.

LE GUIDE

Je crois que nous sommes tous affamés.

LUCIEN

Monsieur, mardi, où serons-nous?

LE GUIDE

Probablement à Lausanne, ville riante, jolie, pittoresque. Elle a vue sur le lac, les plaines et les montagnes. Elle possède une des belles cathédrales de l'Europe ; puis nous irons à Berne, ville magnifique; à Fribourg, c'est la ville catholique de la Suisse ; son paysage est des plus gracieux ; ses montagnes s'étendent au sein de vastes plaines qu'on aperçoit au loin.

LÉOPOLD

Nous sommes reconnaissants, Monsieur, de ce petit aperçu que vous nous donnez avant notre arrivée dans les lieux où vous avez la bonté de nous mener. On parle aussi du village de Chamounix, qui offre aux voyageurs un ravissant paysage.

LE GUIDE

Nous pourrons nous donner le plaisir de cette excursion ; de son élégante petite église, bâtie au bord d'une colline, vous apercevez des rochers, des vallons, des coteaux et des montagnes; c'est un charmant tableau.

JAMES

Surtout, Monsieur, faites-nous exercer les jambes, et que nous puissions nous vanter, au retour, de quelque escalade dont Gargantua même aurait été fier.

LE GUIDE

Tout en ménageant vos forces, afin de vous ramener sain et sauf, nous pourrons gravir le Chalet, et enrichir là votre herbier de ces fleurs si variées des Alpes, qui croissent près de mille ruisseaux et dont la fraicheur donne un délicieux parfum.

FRÉDÉRIC

Les myosotis, les pompons d'or, les renoncules, les lis sauvages seront pour nous autant de richesses emportées de ces lieux que nous ne reverrons peut-être jamais.

LE RETOUR DES EXCURSIONS

LE GUIDE

James, avais-je raison de redouter votre impétuosité? Je vois, en effet, que vous n'auriez pas même eu peur de Gargantua et que vous auriez essayé ses prouesses. Je n'ai pas de peine à croire que le mont Blanc ne vous effraierait pas, mais il faudra vous en passer.

JAMES

Je vous demande pardon, Monsieur, de vous avoir tant effrayé; mais j'aimerai les dangers.

LE GUIDE, *très-sérieusement.*

Et quand vous les affronterez, faites en sorte que ce ne soit point sous ma surveillance.

JAMES

Monsieur, il n'y a pas de voyages agréables sans quelques émotions. Mais me voilà calme; seulement j'ai le gosier sec, l'estomac vide; je vois des camarades qui boudent, notre cher guide qui me garde rancune. Eh bien, Monsieur, après avoir dîné et pris quelque repos, regagnons la France; une fois à Grenoble, nous ferons la paix, n'est-ce pas, Monsieur?

LE GUIDE

N'attendons pas à être en France, faisons-la dès à présent, et qu'il ne soit plus question des aventures sur la montagne. (*Ils s'embrassent.*)

XIV

VOYAGE EN AUVERGNE

FRÉDÉRIC

Monsieur, avez-vous l'intention de stationner un peu de temps à Grenoble?

LE GUIDE

Le temps de voir la ville. Elle est assez importante, et sur cette terre montagneuse abondent les curiosités. Je serai bien aise de vous conduire à la Grande-Chartreuse, où saint Bruno, le restaurateur de la vie solitaire en Occident au xiᵉ siècle, inaugura l'ordre contemplatif par excellence. Le même parfum de sainteté embaume encore ces lieux agrestes et sauvages.

LÉOPOLD

Il y a bien aussi, non loin, la montagne et l'église de la Salette, où la sainte Vierge apparut à de petits bergers?

LE GUIDE

Oui, mais nous irons seulement prier dans la

chapelle qui, à Grenoble, est dédiée à Marie sous le vocable de Notre-Dame de la Salette; la sainte Vierge nous écoutera comme sur la montagne.

JAMES

C'est peut-être moi, Monsieur, qui suis un peu cause de cette détermination. Voilà ce que c'est d'être étourdi; on se défie des têtes volages, et, comme un cheval fringant, on les tient par la bride de peur qu'ils n'échappent. Mais tenez, Monsieur, j'en prends mon parti; vous avez raison, la sainte Vierge nous entend partout.

LÉOPOLD

Il y a néanmoins des lieux privilégiés qu'elle se choisit, qu'elle rend plus que les autres témoins de ses faveurs, et où il est doux de l'invoquer.

JAMES

Eh bien! si tu te plains de moi à la sainte Vierge, dis-lui de me rendre meilleur, et, loin de t'en vouloir, je te serai très-reconnaissant.

LÉOPOLD

Oui, l'on prie pour ses amis; c'est un devoir et un bonheur; mais de se plaindre d'eux, jamais.

JAMES

Je sais, mon bon Léopold, que tu es parfait; c'est chose bien entendue.

Après notre visite à la chapelle, je vous prierai, Monsieur, d'entrer dans une fabrique de gants; c'est la célébrité de Grenoble. Je ne me rappelle pas le numéro de maman, mais je n'aurai qu'à dire : pour une main blanche et mignonne, le fabricant trouvera mon affaire.

Quelques douzaines de paires de gants font toujours plaisir aux dames; c'est le complément de leur toilette, et des hommes aussi; pour moi, je les déteste.

LE GUIDE

Quand nous traverserons la place où est la statue de Bayard, vous vous excuserez, devant l'image du Chevalier sans peur et sans reproche, d'avoir oublié que la véritable célébrité de Grenoble est le héros dont la mort causa tant d'alarmes qu'elle fit oublier la journée de Rébec. Cela ne veut pas dire que je désapprouve la gracieuseté que vous réservez à votre bonne mère; bien au contraire, je vous en loue.

JAMES

Monsieur, si nous faisons bien, nous rentrerons déjeuner, et nous laisserons là Grenoble afin de nous enfermer au plus tôt dans les déserts de la Chartreuse.

LE GUIDE

Allons, comme vous voudrez, mes amis; je n'ai pas l'intention de vous contrarier en ceci.

FRÉDÉRIC

Pour les courses lointaines, James est toujours prêt.

JAMES

Toujours, mon ami, est-ce que tu en es contrarié?

FRÉDÉRIC

Non, non, j'aime aussi assez à courir.

Après Grenoble, nous marcherons sur Lyon ; n'est-ce pas, Monsieur?

LE GUIDE

Oui, c'est notre route ; mais malgré l'importance de cette ville, une des plus grandes de France, je n'ai l'intention de vous y faire séjourner que quelques heures, du départ d'un train à un autre. Nos journées sont comptées, je veux consacrer à l'Auvergne le reste de vos vacances ; vous ne le regretterez pas.

JAMES

Non, non, Monsieur. Alors nous brûlons, pour ainsi dire, Lyon. C'est une ville manufacturière, remarquable par ses soieries, ce qui n'intéresse pas les garçons. Ah ! si vous conduisiez des demoiselles, ce serait différent, elles seraient dans le cas de vous faire arrêter pour vouloir ainsi compromettre les intérêts de leur toilette.

Allons donc nous camper à Clermont ; cet arrangement me va, j'aime les montagnes.

GONZALVE

Cependant je te prie de t'en défier ; ne nous cause plus de transes, je t'en prie.

JAMES, *riant.*

Sois tranquille ; je vais, par ma sagesse, vous étonner tous. Eh bien ! Monsieur, quelle surprise nous attend donc dans ce beau pays d'Auvergne?

LE GUIDE

Je vous la laisse. A demain et les jours suivants,

les plaisirs variés, les sensations agréables, les panoramas enchanteurs.

JAMES, *faisant une pirouette.*

Monsieur, quel aimable guide nous avons en vous! En voilà des vacances qui peuvent compter!

LE GUIDE

Et qui vont préparer, je l'espère, une année de troisième des plus satisfaisantes.

JAMES

Oh! oui, oui, Monsieur; mais, je vous en prie, laissons-la pour le moment dans l'oubli; la veille de la rentrée, seulement, nous lui ferons les honneurs du salon; ce sera bien assez tôt.

MAURICE

Que tu es amusant, mon cher ami James!

JAMES, *d'un ton un peu moqueur.*

Je crois que tu ne raffoles pas non plus du bonheur en perspective de notre troisième!

MAURICE

Je l'avoue; mais nous travaillerons quand même.

JAMES *se lève précipitamment.*

Oh! Monsieur, bien sûr nous approchons d'une ville.

LE GUIDE

Dans dix minutes, nous serons à Clermont.

JAMES, *avec joie.*

Ah! quel bonheur!

On prend ses bagages; on court à l'hôtel; on se repose un peu, puis l'on se dispose à courir; tout cela ne fait pas un pli, ne soulève pas la moindre difficulté.

LA PROMENADE EN VILLE

FRÉDÉRIC

Monsieur, quel charmant coup d'œil! voilà une ville dans laquelle la campagne fait ses efforts pour entrer. On n'aperçoit que verdure et arbres touffus. Cette ceinture de montagnes qui borne l'horizon, et où le Puy-de-Dôme règne en maître, a quelque chose d'imposant.

LE GUIDE

Il porte orgueilleusement sa tête jusqu'à 1465 mètres au-dessus du niveau de la mer.

JAMES

Et il nous a fait la politesse de quitter ce fameux chapeau dont vous nous avez parlé en route, c'est-à-dire cet épais nuage qui tourne alentour et annonce aux habitants de la plaine qu'il est temps de sortir flanelle et molleton.

GONZALVE

Ces montagnes n'ont pas le même aspect que celles de la Suisse, beaucoup plus élevées, mais trop près de l'œil.

JAMES

Cet immense carré où nous sommes est la place de Jaude, n'est-ce pas, Monsieur? Elle est grande et belle.

LE GUIDE

Je l'ai vue en bien mauvais état; quand un jour la municipalité de Clermont décida d'y planter cette rangée d'arbres qui la parent. Les habitants des maisons d'alentour jetèrent des cris de paon ; la vue était masquée, c'est vrai, mais la place allait s'embellir ; on laissa crier, et l'on planta.

LÉOPOLD

Voilà une statue en bronze qui me paraît une œuvre d'art.

LE GUIDE

Elle est due au ciseau de Nanteuil ; c'est la statue du général Desaix, le vainqueur de Marengo. Elle est l'unique à Clermont, qui, cependant, abonde en grands hommes. Cette terre généreuse ne s'en est pas tenue aux produits variés de son sol ; à côté de la fécondité de la terre, elle a renfermé dans son sein la fécondité du génie.

Le plateau de Gergovia attend toujours la statue de Vercingétorix, l'héroïque et dernier défenseur de l'indépendance de la Gaule ; et à Clermont, l'on cherche vainement celle de Blaise Pascal et du poëte Delille.

Après avoir démoli la maison du savant qui fait la gloire de la France, l'Auvergne se console de ces énormités en gratifiant une vieille rue, une place ou un nouveau boulevard du nom de ses illustrations ; c'est plus économique.

JAMES

C'est très-mal ; je vais, avant de partir, leur intenter un procès. Mais, Monsieur, vous avez aussi votre mot de fine critique dans l'occasion ; je ne vous aurais pas cru capable de ce tour-là.

LE GUIDE, *souriant.*

Vraiment !

ROLAND

Le gai boulevard ! Le magnifique jardin qui le côtoie est probablement le jardin public ?

LE GUIDE

Vous ne vous trompez pas. Ce jardin, entretenu avec art, donne beaucoup d'agrément aux promeneurs qui viennent, en été, chercher la fraîcheur à l'ombre de ses arbres touffus, et s'égayer de la vue des fleurs dont les variétés se succèdent à profusion jusqu'au déclin des jours d'automne. Grand nombre de bébés s'y jouent toute une après-midi sans se lasser de faire des fromages avec le sable des allées, qu'on leur laisse manier à loisir.

LUCIEN

Et à côté, quel est ce vaste bâtiment ?

LE GUIDE

C'est le palais de l'Université, nouvellement construit. Dans le bâtiment qui touche au jardin des Plantes est la bibliothèque et le musée. Ce dernier renferme quelques œuvres de mérite, et s'est récemment enrichi d'une belle collection due au talent du peintre Digurge. Né à Clermont, il fut l'élève de David ; nature d'élite, plus admirable encore par la noblesse et la bonté du caractère que par ses œuvres ; mais passons outre, car on serait plus vite dans ces vastes mansardes en descendant du ciel qu'en essayant d'en faire l'ascension.

4

Voilà l'Hôtel-Dieu, asile de la souffrance et des grands dévouements.

JAMES

Hâtons le pas, Monsieur, et par le chemin le plus court arrivons vite au faubourg de Saint-Alyre.

LUCIEN, *d'un air peu satisfait.*

C'est là que tu étais pressé d'arriver?

LE GUIDE

Le quartier n'a, en effet, rien de séduisant; mais encore quelques pas et vous allez voir un phénomène extraordinaire, l'action de l'eau faisant des prodiges.

JAMES, *avec surprise.*

Qu'est-ce que tout ce pêle-mêle? Sur des gradins, je vois des fruits, des végétaux, des nids d'oiseaux, des moules creux représentant des têtes ou des tableaux, et une mince nappe d'eau tombe des gradins supérieurs.

LE GUIDE

Et l'homme, mon enfant, n'a rien à voir là, si ce n'est de rapprocher ou d'éloigner les objets qui subissent l'action de l'eau, déposant quelques parcelles de carbonate de chaux qu'elles portent en dissolution à l'intérieur.

ROLAND

Monsieur, c'est, en effet, prodigieux. Et cet âne, ce canard, ce berger, placés dans le jardin, se sont métamorphosés de la même manière?

LE GUIDE

Parfaitement.

(*James avait déjà disparu, et revient en toute hâte.*) Venez voir, venez voir ! (*Il entraîne le guide et ses camarades.*)

Regardez ce pont !

LE GUIDE

Il est formé comme l'âne et le berger.

Une source élevée laissait tomber ses eaux dans le ruisseau qui, déposant dans leur chute une couche de calcaire, augmentait peu à peu, s'étendait ; à un moment donné les deux bords se réunirent. (*James passe et repasse sur le pont ; ses camarades sont en admiration.*)

JAMES

Frédéric, toi qui as la bosse de l'observation, te voilà dans ton élément. Quelle chose surprenante !

FRÉDÉRIC

Bien surprenante, en effet.

JAMES

Allons, un peu d'enthousiasme ; tu réponds comme un anglais affligé du spleen.

FRÉDÉRIC

Ne t'inquiète pas du degré de mes impressions ; mais modère un peu les tiennes, parfois bien fatigantes.

LE GUIDE

Est-ce que vous allez en venir aux mauvais compliments ?

JAMES

Non, Monsieur, non. Dans ce beau pays d'Auvergne, nous devons être tout entiers à la joie que nous causent les surprises qu'il ménage aux vrais amateurs de la belle nature. Frédéric, donne-moi la main. .

FRÉDÉRIC

Bien volontiers, gai compagnon de voyage, au sang bouillant et généreux.

LÉOPOLD

Maintenant, Monsieur, il est temps de remonter, car à Clermont il ne faut pas faire autre chose que descendre et monter, monter et descendre.

JAMES

Tout naturellement.

LE GUIDE

Et quand nous remonterons, que voulez-vous voir?

LÉOPOLD

Les églises.

JAMES

Oh! c'est ce qu'il aime! C'est un évêque en herbe.

LÉOPOLD

Je ne tiendrai jamais à être évêque, je te l'assure.

JAMES, *souriant.*

Tu ne portes pas si haut tes prétentions, tu as raison. Il faut savoir modérer ses désirs.

LE GUIDE

Voilà l'église du faubourg, nouvellement construite dans le style gothique; entrons.

JAMES, *après l'avoir parcourue rapidement.*

Maintenant, Monsieur, dirigeons nos pas du côté de la cathédrale.

LE GUIDE

Prenez le temps de vous recueillir un instant, mon enfant.

JAMES

Ah! oui, Monsieur. (*Il s'agenouille un instant, puis il sort; les autres le suivent.*)

LE GUIDE

Montons par cet escalier, nous longerons une partie de la promenade appelée place d'Espagne parce qu'elle fut, dit-on, construite par des Espagnols prisonniers. Montons cette pente ravinée, nous arriverons à la place de la Poterne; en face est la cathédrale.

FRÉDÉRIC

En effet, je l'aperçois.

LE GUIDE

C'est le plus élégant édifice que l'on puisse voir dans le genre gothique. Ce fut en 1248 que Hugues de la Tour, évêque de Clermont, en jeta les fondements sur le plan de Jean de Campis.

JAMES

Il s'y entendait, il pouvait s'en mêler.

LE GUIDE

Guy de la Tour, successeur de Hugues, la fit continuer; mais les guerres contre les Anglais la laissèrent inachevée.

Remarquez donc toutes ces colonnettes qui se perdent dans les voûtes; cet élégant faisceau de colonnes fluettes et gracieuses qui font oublier la grosseur des piliers qui les abritent. Admirez ce rayon de soleil passant à travers les vitraux nuancés de mille couleurs et les rosaces rehaussées de guipures.

FRÉDÉRIC

Monsieur, l'on ne saurait jamais s'incliner avec assez de respect devant la foi de nos pères, auxquels aucun sacrifice ne coûtait pour créer de tels chefs-d'œuvre.

LE GUIDE

Je partage votre sentiment.

JAMES

Monsieur, regardez donc quelle singulière horloge?

LE GUIDE, *en passant outre et après
être sorti.*

Les jaquemarts, nom peu poétique, et qui ne s'accorde guère avec les dentelles de pierre de la basilique. C'est Mars, Faunus et Tempus au milieu ; c'est, en un mot, une petite horreur qu'un beau jour on mettra aux archives, ce ne sera pas dommage.

Descendons la rue du Terrail, la rue Pascal, enfin celle du Port, où nous allons trouver l'église Notre-Dame. Elle est, elle aussi, construite dans le style du moyen âge ; vous le remarquerez à ses voûtes sombres et silencieuses, que soutiennent de nombreuses colonnes.

Dans la crypte, est une statue noire et miraculeuse de la Vierge que toute l'Auvergne vénère.

LÉOPOLD

J'en ai entendu parler par une de mes parentes qui est très-pieuse. Je serai bien aise de voir ce sanctuaire, d'y prier Marie et d'emporter son souvenir avec sa protection.

LE GUIDE

Je me trouvais naguère à Clermont, et, par le plus grand hasard, le jour même de son couronnement; la foule était immense.

LÉOPOLD

Ce devait être beau; c'est rare le couronnement d'une madone.

LE GUIDE

Très-rare. Tout ce que Clermont a dépensé ce jour-là d'or, de fleurs, de guirlandes, de verdure, de gaze, de mousseline et de lumière est inouï. Plus de parcimonie quand il s'agit de la Vierge du Port; entre Marie et le peuple d'Auvergne le pacte est touchant, et la générosité de la reine des cieux paie par des bienfaits sans nombre les riches joyaux de sa couronne.

LÉOPOLD

C'est un peuple heureux que celui dont la foi mérite de telles faveurs.

LE GUIDE

Puissiez-vous toujours, cher enfant, vous plaire dans ces idées!

Nous allons, par la rue du Port, aboutir à la place Delille où eut lieu le couronnement, le 20 juin, et où fut prêchée la première croisade, en 1031. Puis à droite, le cours Sablon, que nous allons suivre dans sa longueur, et nous nous retrouverons de nouveau au jardin des Plantes.

FRÉDÉRIC

Monsieur, cette fontaine dont vous nous avez parlé, la voilà, sans doute. Elle est, en effet, magnifique.

LE GUIDE

C'est une des belles choses que l'on remarque à Clermont. Quand ses eaux jouent, comme maintenant, et jaillissent des colonnes et des statuettes dont est formé ce beau morceau d'architecture d'une rare élégance, la vue se récrée très-agréablement, et l'on ne se lasse pas d'admirer cette riche sculpture, due au goût gracieux du XVIe siècle.

JAMES

Cette fois, Monsieur, nous entrerons au jardin des Plantes.

LUCIEN

Et nous nous y reposerons. Je suis las, mais las!...

JAMES, *s'approchant de Lucien avec empressement.*

Pauvre ami! Oui, c'est vrai, tu as l'air fatigué, tu es pâle.

MAURICE

J'ai dans ma poche un morceau de chocolat; tiens, mange-le. (*Il le lui présente.*)

LE GUIDE

Si vous voulez, mon ami, nous rentrerons tout de suite.

LUCIEN

Oh! non, Monsieur, seulement reposons-nous le plus tôt possible.

(*James s'est procuré un verre; il le remplit d'eau et y met deux ou trois morceaux de sucre.*)

Tiens, bois, ça fera descendre le chocolat et tu reprendras des forces.

(*Lucien suit cet avis et se trouve mieux. On chemine lentement jusqu'au jardin botanique, où les jeunes voyageurs se reposent longtemps, pendant que Maurice, qui à l'entrée s'est muni de gâteaux, en offre au guide et à ses camarades. — James a déjà secoué l'eau du bassin de telle sorte que les poissons effrayés plongent dans l'eau et disparaissent.*)

JAMES, *à Lucien.*

Eh bien! Lucien, sommes-nous gaillard maintenant?

LUCIEN

Très-gaillard, mon ami, merci (*en souriant*); l'eau sucrée m'a fait du bien.

JAMES

Tant mieux.

LE GUIDE

Allons, mes jeunes amis, rentrons; vous avez tous besoin de repos.

JAMES

Pas moi, Monsieur.

LE GUIDE

Vous aussi. Suivons la rue Ballainvilliers. Retournez-vous ; regardez ce village en face, c'est Beaumont. Remarquez ce point de vue.

FRÉDÉRIC

Monsieur, l'on ne peut rien voir de plus beau.

(*James sort de son sac, posé en sautoir, un pied de belles reines-marguerites et les admire.*)

LE GUIDE, *sérieusement.*

James, où avez-vous pris cela ?

JAMES

Monsieur, le maître jardinier me les a données.

LE GUIDE

Quand ?

JAMES

Quand vous mangiez vos gâteaux ; j'avais donné les miens aux poissons. Je lui ai dit : Monsieur, dans quelques jours je reverrai maman, je voudrais deux marguerites pour elle. — Vous êtes donc étranger ? — Oui, Monsieur. Bientôt nous repartirons pour Paris, et après maman il faudra aussi revoir le collége, ce qui sera un peu moins agréable. Il s'est mis à rire, et m'a offert ce pied de reines-marguerites en m'indiquant la manière de le conserver jusqu'à notre arrivée. Regardez, Monsieur, il est superbe. Puis il m'a souhaité un heureux voyage, et moi, de mon air le plus gracieux, je l'ai salué en lui disant merci.

FRÉDÉRIC

Tu es impayable ! Mais nous, Monsieur, nous n'aurons rien à offrir à nos mères au retour ; James aura fait pour la sienne tous les frais d'amabilité.

LE GUIDE

Il n'y aura pas d'inconvénient à joindre un colis à ceux que nous avons déjà. Les fruits confits et les pâtes d'abricots sont la spécialité de l'Auvergne et jouissent d'une réputation méritée; en cherchant bien au fond du sac, j'aurai encore, je l'espère, de quoi faire droit à votre louable réclamation.

JAMES

Monsieur, voilà une bonne idée; les mamans sont toujours contentes quand on apporte un supplément à leur dessert; la mienne y met même de la coquetterie.

FRÉDÉRIC

Monsieur, vous vous chargez de cet achat?

LE GUIDE

Volontiers, accompagné de Maurice, notre petit économe.

JAMES

Monsieur, je vais arrêter l'omnibus au passage, autrement nous ne pourrions partir; il y a toujours des voyageurs qui attendent.

LE GUIDE

Vous ferez bien, allez; mais prenez garde aux voitures.

JAMES, *très-affairé.*

Oui, oui, Monsieur. Conducteur, huit places!

(*Le conducteur s'arrête et attend que les jeunes voyageurs soient tous montés. Après dix minutes d'arrêt, il se dirige de nouveau dans la direction des Thermes.*)

LE GUIDE

Voilà l'établissement. Goûtez les eaux si vous voulez, puis suivons la route jusqu'au village. Il est un peu en désarroi; cependant il s'y trouve quelques maisons neuves assez propres.

LÉOPOLD

On n'aperçoit que des coteaux, puis des vignes sur des vignes, une forêt d'arbres fruitiers, de châtaigniers, de rochers noirs qui menacent les passants.

JAMES

C'est du pittoresque, ou je ne m'y connais pas; et le village avec son clocher qui semble une tour de vieux château; il est paisible au milieu de la vallée, et semble ne se soucier guère du bruit de ville qu'on fait là-bas.

LE GUIDE, *entre dans l'église;*
il la parcourt avec ses jeunes pupilles;
il leur indique des prie-Dieu.

Un instant de repos devant le sanctuaire silencieux où le Créateur règne par son amour, tandis qu'au dehors éclate sa puissance dans ses œuvres. Descendons à la crypte; prenez garde, l'escalier est glissant.

(Ils sortent de l'église, conduits par un enfant qui les mène à la grotte.)

FRÉDÉRIC

Monsieur, c'est une caverne creusée dans la lave. Si ces bonnes femmes n'étaient pas là à laver leur linge, je croirais voir sortir quelque druide prononçant contre nous un oracle fatal comme à des profanateurs. Remarquez donc, au fond, cette eau limpide qui jaillit avec abondance et ne tarit probablement jamais.

LE GUIDE

Jamais. N'en buvez guère, James, elle est glacée et pourrait vous faire mal.

JAMES

Dieu! qu'elle est bonne! Monsieur, laissez-moi boire, ne craignez pas, jamais rien ne me fait mal.

LE GUIDE

C'est égal, assez.

JAMES

Bien, Monsieur; alors allons plus loin, afin de fuir la tentation.

LUCIEN

Et aussi, afin de succomber à celle de changer de place.

JAMES

Mon cher, je ne sais si l'air vivifiant de ces montagnes me donne de la force, mais il me semble que j'escaladerais le ciel. Et toi, te sens-tu mieux que sur la place Delille?

LUCIEN

Je suis tout à fait bien, merci.

JAMES

Peux-tu encore monter?

LUCIEN

Mais, oui.

LE GUIDE

Allons jusqu'au village de Fontanat. Là, c'est

bien autre chose qu'à la grotte; les eaux s'échappent à gros bouillons et portent la fertilité dans toute la Limagne.

MAURICE

Ce sont, sans nul doute, ces belles eaux qui entretiennent la fraîcheur perpétuelle de ces prairies dont les arbres fruitiers n'en sont pas moins magnifiques. On chemine gaiement et sans fatigue par des sentiers pareils.

JAMES

Je suis parfaitement de ton avis.

FRÉDÉRIC

Tu es toujours de l'avis de ceux qui sont disposés à ne pas s'arrêter; mais il est certain qu'ici ni l'œil ni les jambes ne se lassent.

LE GUIDE

C'est égal, asseyons-nous un instant, maintenant que nous avons atteint le but de notre course, et respirons.

GONZALVE, *après quelque repos.*

Monsieur, suivons toujours cet enfant qui nous regarde avec des yeux ébahis, surtout James, qui ferait rire un mort, et prions-le de nous conduire, par un autre chemin, jusqu'à l'hôtel où vous avez l'intention de nous faire déjeuner et dîner.

LE GUIDE

Je le veux bien. Il y a, ce soir, musique au parc; en passant ici la journée, nous verrons l'étalage de la fortune après avoir contemplé les richesses de la nature. Je veux que vous ayez l'idée d'une saison à Royat.

JAMES

Monsieur, nous voyons assez les toilettes à Paris; elles font mon supplice. Je monte, bien involontairement, sur toutes les traînes qui balaient la poussière des trottoirs; ensuite, j'ai beau m'excuser, les dames me regardent avec des yeux foudroyants; j'ai peut-être déchiré par-ci par-là quelques belles dentelles.

LE GUIDE

Vous prendrez garde (*en souriant*), avec un peu d'attention on évite bien des malheurs.

FRÉDÉRIC

Je ne serai pas fâché de passer ainsi ma soirée; ni vous, je pense.

TOUS

Mais non, mais non.

(*Ils descendent au parc. James n'a point fait de sottises, mais il connaît maintenant tous les employés de l'établissement; et plusieurs, épris de son amabilité, l'ont laissé fureter partout.*)

LE GUIDE

James, vous étiez pressé, ce matin, de retenir les places de l'omnibus, il n'en est pas de même ce soir; il faudra pourtant se décider; nous partirions tard si je vous laissais faire.

JAMES

Monsieur, nous ne partirions pas du tout. Je coucherais volontiers ici, et demain, à quatre heures, nous serions en route pour le Puy-de-Dôme.

LE GUIDE

Mais si, laissant le Puy-de-Dôme, je vous menais au Mont-Dore, afin de clore dignement notre excursion en Auvergne, que diriez-vous?

JAMES

Monsieur, je vous embrasserais; mais tenez, je vais le faire tout de suite. (*Il saute au cou du guide.*) Je renonce volontiers au Puy-de-Dôme, j'y ferais peut-être encore quelque sottise.

FRÉDÉRIC

Il ne faut alors pas perdre de temps, puisque maintenant nos instants sont comptés.

LE GUIDE

C'est fort bien dit. Hâtons-nous donc de regagner notre hôtel, et demain matin, à cinq heures, soyons debout.

MAURICE

Il faut demander la voiture ce soir en rentrant.

LE GUIDE

Oui, prenez ce soin, nous comptons sur vous.

MAURICE

Monsieur, vous pouvez y compter.

AU MONT-DORE

ROLAND

Cette route est une vraie galerie, ou plutôt une terrasse enchantée.

La roche Tuilière et la roche Sanadoire se dressent devant le passant comme pour imprimer à l'âme je ne sais quoi de saisissant ; peut-être une vague terreur devant le spectacle grandiose de ces deux blocs gigantesques de basalte porphyrique.

LE GUIDE

Cette courte description est très-juste. Quant au village du Mont-Dore, nous ne l'apercevrons qu'en y touchant. Il est assis dans une vallée profonde ; une seule rue le traverse, et de beaux hôtels en font les honneurs. Nous n'en sommes pas loin.

JAMES

J'en suis bien aise ; vivent les montagnes. Là on respire plus librement que sur ces éternels boulevards, ou sur des avenues sans fin.

LÉOPOLD

Après cette descente, nous allons probablement être au village ; préparons-nous.

JAMES.

Bon. (*Il ouvre la portière ; le guide se précipite pour le retenir. James rit.*) Ne craignez rien, Monsieur, je ne descendrai qu'après vous.

LUCIEN

Il me semble toujours qu'il va te pousser une paire d'ailes, et que tu vas prendre ton vol.

JAMES

Que ne dis-tu vrai, mon cher ami ! Allons, cette fois voilà le Mont-Dore. Monsieur, descendez, je vous suis.

LE GUIDE

Allons, vous êtes un charmant enfant.

(On se repose quelques heures à l'hôtel, et les jeunes touristes voient tour à tour le Capucin, Sancy ; ils font le tour de la vallée, franchissent le torrent de la grande cascade : ils sont dans un état permanent d'admiration. James ne se sent pas de joie. Le guide le surveille, mais jouit de son bonheur. Le temps les favorise ; le ciel est sans nuage, et les protége de ses splendeurs. — Ils arrivent au lac Pavin, voient Vassivière, et y vénèrent l'image de la Vierge, représentée par une statuette noire due au ciseau de saint Luc. Saint-Nectaire ne peut échapper aux jeunes voyageurs ; ils y font halte quelques heures, et James trouve le moyen de lier connaissance avec plusieurs baigneurs. — A Orcival, Frédéric admire l'église byzantine qui embellit ces lieux agrestes ; Lucien vénère avec bonheur la Vierge d'Orcival, objet d'un culte tendre et touchant, non-seulement des gens du pays, mais de l'Auvergne entière, comme à Clermont Notre-Dame-du-Port. — Il sort avec des regrets, laissant de précieux et nombreux souvenirs.)

LE GUIDE

Je vous accorde un jour de repos à Clermont, puis nous irons enfin retrouver vos chers parents, qui vous réclament quelques jours avant la rentrée.

JAMES

Bien, Monsieur ; d'ailleurs, en restant plus long-

temps mes marguerites ne pourraient pas se conserver, et je tiens à les emporter.

FRÉDÉRIC

Heureux caractère, qui voit toujours le bon
côté des choses! Mais, Monsieur, je ne dis pas
mon dernier mot à l'Auvergne; j'aime trop ce pays
pour ne pas désirer y revenir.

JAMES

Je te ferai nommer directeur de l'observatoire
qu'on établit au Puy-de-Dôme.

FRÉDÉRIC

Ce n'est pas à dédaigner.

LE GUIDE

Il n'y a encore rien de bien organisé, mais quand
tous les travaux seront terminés, ce ne sera pas
trop d'un voyage afin d'examiner à loisir une pa-
reille installation.

FRÉDÉRIC

Ce sera une des choses intéressantes de l'Auvergne, et Clermont n'y perdra rien.

LE GUIDE

Une cité gagne toujours à être le centre d'un
progrès; il ajoute à son importance.

On a bien un peu martyrisé le flanc de ce bon
vieux Puy-de-Dôme, naguère encore vierge de
toute meurtrissure de la pioche et du marteau;
mais il se familiarisera peu à peu avec l'espèce
humaine, et son orgueil séculaire s'assouplira au
contact de la civilisation.

JAMES

Adieu donc, chère Auvergne, et au revoir.

TOUS ENSEMBLE

Adieu et merci des plaisirs que tu nous as pro-curés.

(Les jeunes voyageurs se retrouvent enfin au sein de leurs familles. Le guide passe encore quelques jours avec ses charmants compagnons de voyage ; il est chaudement remercié, et l'on se dit adieu jusqu'aux vacances suivantes.)

———

XV

L'IMPRIMERIE

Personnages : LE RÉPÉTITEUR, ROGER, ANATOLE, RICHARD, JOSEPH, CASIMIR, FERNAND

LE RÉPÉTITEUR

J'ai à vous entretenir aujourd'hui, mes jeunes amis, d'une des plus précieuses conquêtes de l'esprit humain; je veux parler de l'imprimerie. Je puis dire que c'est peut-être l'art qui honora le plus le génie et la patience de ses inventeurs.

RICHARD

Bien des faits ont été altérés par la tradition; un grand nombre même ont probablement échappé à notre connaissance, qui eussent servi la cause du progrès et de la civilisation.

LE RÉPÉTITEUR

C'est positif; aussi le nom de Gutenberg doit-il être placé parmi ceux des bienfaiteurs de l'humanité.

ROGER

Mais, Monsieur, avant l'invention de l'imprimerie, comment faisait-on pour se procurer des livres ?

LE RÉPÉTITEUR

C'était à grand'peine et à grands frais. Le savoir, relégué pendant des siècles au fond des monastères, dut à la science et à la persévérance des moines la reproduction de nombreuses copies de livres précieux, mais insuffisants.

Bien des nuages entourèrent le berceau de la nouvelle découverte; ce ne fut qu'en 1449 qu'elle prit enfin son essor, malgré les cabales des associés de Gutenberg.

ANATOLE

Et quand il mourut, il dut laisser, sans doute, une fortune considérable.

LE RÉPÉTITEUR

Pas du tout. On dit même qu'en 1465 Gutenberg manquait de pain, mais que le prince Adolphe de Nassau, électeur de Mayence, l'accueillit honorablement.

JOSEPH

Il est à remarquer que les grands génies ne trouvèrent presque jamais la récompense de leurs travaux; leur existence eut même à souffrir bien souvent, et de l'injustice des hommes et des rigueurs de la misère.

LE RÉPÉTITEUR

Ce qui est un titre de plus à l'admiration de la postérité, c'est que rien ne les rebuta; mais ils poursuivirent sans relâche l'inspiration qui les guidait.

CASIMIR

Quand il n'y aurait pas un si grand nombre de livres, ne pourrait-on pas être heureux, et notre jeunesse en serait-elle moins gaie? Je crois qu'il arriverait le contraire.

LE RÉPÉTITEUR

Mon enfant, en parlant ainsi vous m'attristez, car je vous croyais capable de comprendre le prix du savoir.

CASIMIR, *souriant.*

Voyez-vous, Monsieur, je n'ai pas le feu sacré, et les livres ne font pas mon bonheur.

LE RÉPÉTITEUR

Il faut vous familiariser avec eux, et le plus sûr moyen d'apprendre à les aimer, c'est d'acquérir les connaissances nécessaires pour en comprendre les beautés, et savoir les apprécier.

FERNAND

Mais, Monsieur, tous les livres ne sont pas bons?

LE RÉPÉTITEUR

Tant s'en faut, mon ami; voilà pourquoi on ne saurait trop éclairer son intelligence par l'étude, afin d'être capable de discerner les œuvres de mérite d'avec celles qui sont le poison de l'âme, et lui donnent la mort.

CASIMIR, *avec finesse.*

Jean Gutenberg n'a donc pas pensé à cela, quand il s'est morfondu pour nous envoyer, à perpétuité, des montagnes d'in-folios?

LE RÉPÉTITEUR, *riant.*

Gutenberg, avec la noblesse de ses pensées et la fécondité de son génie, a passé outre en songeant aux chefs-d'œuvre que la presse répandrait partout et qui deviendraient accessibles à tous (*en regardant attentivement Casimir*); surtout à ceux qui veulent s'instruire en lisant, et tirer de leurs lectures le plus de profit possible.

CASIMIR

Je comprends bien, Monsieur, que vous vous adressez à moi, et ce qu'il y aura de ma part de plus sage, sera de me résigner, en acceptant en brave ma destinée d'écolier.

LE RÉPÉTITEUR

Voilà une excellente résolution, à laquelle je vous engage d'être fidèle.

CASIMIR

Allons, oui, Monsieur, nous ferons nos efforts; et si le feu sacré n'éclate pas, il n'y aura rien à dire, ce ne sera pas de ma faute. C'est, Monsieur, tout ce que vous aviez à nous dire sur l'imprimerie?

LE RÉPÉTITEUR

Mais, non, ce n'est pas tout. J'ai raconté la découverte, je n'ai pas dit en quoi elle consiste.

L'art de l'imprimerie, inventé par Gutenberg, consistait dans la création de caractères mobiles. Il s'associa, à Mayence, avec un riche orfèvre nommé Faust. Ce dernier aida Gutenberg de ses capitaux et de ses conseils pour la fonte de ses caractères.

En 1452, ils s'adjoignirent Pierre Schœffer, habile calligraphe et graveur expérimenté. Faust, charmé de son talent, lui donna sa fille en mariage, et cet homme industrieux fondit en plomb les lettres que l'on pouvait réunir en combinaisons indéfinies.

CASIMIR

Et voilà le pauvre Gutenberg détrôné.

LE RÉPÉTITEUR

Pierre Schœffer et Faust cherchèrent bien à le faire oublier; mais le noble caractère de Jean Schœffer, fils de Pierre Schœffer, et petit-fils de Faust, reconnut formellement les titres de l'inventeur.

ANATOLE

A la bonne heure! J'aime les nobles caractères qui ne reculent pas devant la vérité, et ne sont point envieux. Il me semble que Jean Schœffer s'honora plus par cette action que son père ne l'avait fait par ses talents.

LE RÉPÉTITEUR

Votre réflexion me prouve que, si l'occasion se présentait, vous sauriez aussi rendre hommage à qui de droit.

ANATOLE

Monsieur, j'aime aller droit, et ne retirer pour ma part que ce qui me revient, sans prendre souci de celle des autres. Les succès de mes camarades ne m'empêchent pas de dormir.

LE RÉPÉTITEUR

Vous trouverez ainsi toujours le secret pour être

heureux, et acquérir l'estime et l'attachement de
vos semblables. Je continue. Dans sa dédicace à
l'empereur Maximilien, en tête du Tite-Live tra-
duit en allemand, et imprimé par Jean Schœffer,
celui-ci déclare « que c'est à Mayence que l'art
admirable de la typographie a été inventé par l'in-
génieux Jean Gutenberg, l'an 1450, et postérieu-
rement amélioré et propagé par les capitaux et les
travaux de Jean Faust et de Pierre Schœffer. »

FERNAND

Je serais curieux de voir le premier livre imprimé offert à la postérité par Jean Gutenberg.

LE RÉPÉTITEUR

Il n'en existe pas, et c'est ce qui fit longtemps
mettre en doute la part que Gutenberg prit dans
l'invention de l'imprimerie. Comme je vous l'ai
dit, il était pauvre, et peut-être fut-il obligé de
subir la loi de ses riches associés.

CASIMIR

Mais il ne recula devant rien? Eh bien, à cause
de cela, je vais l'aimer. C'est beau de poursuivre
une idée grandiose avec autant de désintéresse-
ment, dans l'espérance d'être utile à l'humanité.

LE RÉPÉTITEUR

Et c'est là précisément ce qui caractérise le vrai
talent. La mesquinerie des âmes vulgaires n'obs-
curcit jamais les grandes pensées du génie.

FERNAND

Monsieur, à quelle époque l'imprimerie fut-elle
établie en France?

LE RÉPÉTITEUR

Sous le règne de Louis XI. Depuis, combien d'hommes de mérite illustrèrent cet art! La France vit naître, à différentes époques, de grands industriels qui élevèrent la typographie à un degré de perfection remarquable.

L'aurore du XIXe siècle éclaira le dernier période de cet art sublime, et les typographes de nos jours transmettent glorieusement à l'admiration des peuples de nouveaux chefs-d'œuvre.

CASIMIR

Monsieur, on voit que vous aimez les livres; mais, dites-moi, s'il vous plaît, pourquoi l'imprimerie est aussi appelée typographie?

LE RÉPÉTITEUR

Parce que Schœffer avait fondu les signes de la parole, représentés par des caractères destinés à l'imprimerie, qui reçurent le nom de *types*; de là le nom de typographie.

RICHARD

Le simple aperçu que vous venez, Monsieur, de nous donner sur l'art de l'imprimerie, nous a fort intéressés, et si jamais je fais des livres, ce ne sera pas sans me rappeler avec reconnaissance le nom de Gutenberg, en y associant le souvenir de celui qui aujourd'hui nous l'a si bien fait connaître.

LE RÉPÉTITEUR, *ému.*

Oui, je suis persuadé que vous avez la mémoire du cœur, de même que je crois possible, du train dont marchent vos études, que vous soyez, un jour, un des fermes appuis de la bonne presse, et un des hommes intelligents pour lesquels travailla Gutenberg.

CASIMIR

Moi, Monsieur, je ne sais pas mériter de ces compliments-là; cependant je ne serais pas fâché de savoir un peu ce que vous pensez de ma pauvre cervelle.

LE RÉPÉTITEUR, *souriant.*

Ah! vraiment. Eh bien, je puis aussi vous dire la vérité. Vous êtes capable des plus généreux sentiments, et, en vous étudiant tous avec l'intérêt de l'amitié, je découvre en chacun de vous des qualités qui font la joie de la famille et le bonheur de la société.

(Tous se lèvent, et, en se retirant, saluent le répétiteur en lui souriant avec affection.)

XVI

LA BRODERIE

Personnages : MARIE, HÉLÈNE, AGNÈS, HORTENSE, ANNE, ZÉLIE

MARIE

La broderie est l'art de manier habilement, à l'aide d'une aiguille, l'or, l'argent, la soie, la laine et le coton. Son invention remonte à la plus haute antiquité, puisqu'elle est attribuée aux Phrygiens ; et le législateur des Hébreux, Moïse, parle d'ouvrages en broderie tissus de différentes couleurs.

HÉLÈNE

On a même vu des reines et des princesses ne pas dédaigner de manier l'aiguille, et chercher, dans les paisibles délassements d'ouvrages manuels, l'oubli du trône et de l'étiquette.

AGNÈS

La sainte Vierge elle-même, introduite dans le temple, à l'âge de trois ans, par le grand-prêtre, et mêlée aux jeunes filles d'Israël, travaillait à l'en-

tretien de la maison du Seigneur. C'est elle qui,
plus tard, tissa la robe sans couture qui fut jetée
au sort quand Jésus mourut pour nous sauver.

HÉLÈNE

Ce divin exemple doit être pour nous un grand
encouragement, et nous devons bien nous per-
suader que nous ne pouvons pas, à notre gré,
prendre l'aiguille ou nous en dispenser. S'en servir
est un devoir pour la femme; elle doit savoir la
manier avec grâce, et c'est dans la broderie qu'il
convient surtout de montrer ce talent.

HORTENSE

Moi, je ne suis pas très-adroite, et mon éton-
nement est grand de voir la perfection de certains
ouvrages, que les doigts habiles de quelques-unes
de mes compagnes exposent chaque année à la dis-
tribution des prix. Comment peuvent-elles ainsi
réussir?

ANNE

Ma bonne amie, il n'y a pas de principes établis
pour arriver à cette perfection. L'adresse ne s'ac-
quiert pas par le raisonnement, et le goût est un
je ne sais quoi d'inné dans ceux qui le possèdent;
seulement il se perfectionne par un long exercice
et un travail persévérant.

ZÉLIE

Cependant, comme dans toute étude il y a bien
quelques principes à observer dans l'art de la broderie?

MARIE

Oui, mais il serait un peu long de les énumérer

tous; je veux seulement, puisque tu le désires, te faire connaître les divers genres de broderie. On en compte douze espèces, dont les principales sont : la broderie en reprise, la broderie au plumetis, la broderie au cordonnet, la broderie au crochet, la broderie au passé, la broderie en soie nuancée, la broderie en laine, la tapisserie, etc.

AGNÈS

Et l'explication de ces différents genres de broderie m'intéresse beaucoup.

ANNE

Tu peux être exigeante, car tu t'adresses à une petite fée des plus aimables et des plus complaisantes.

MARIE, *souriant.*

Avec des amies aussi bonnes, il n'y a qu'à s'exécuter de bonne grâce.

La broderie en reprise n'est plus guère en usage, et se compose de feuilles, de cordons, de larmes en forme d'amande, et ne peut se prêter, comme vous voyez, à toutes sortes de dessins.

HORTENSE

Mais, pour la broderie au plumetis?

MARIE

Oh ! c'est bien différent. Quand cette broderie atteint la perfection, elle est d'une richesse et d'un fini qui ne laissent rien à désirer.

ANNE

Et toi, Marie, tu es capable de faire de ces choses.

MARIE

Mais je n'ai pas la prétention de comparer mes ouvrages à ceux des célèbres brodeuses de Nancy, qui sont dignes de composer le trousseau d'une reine.

ANNE

Vraiment?

MARIE

Oh! vraiment. Je continue.

La broderie au cordonnet ne s'emploie guère maintenant, et nous pouvons la mettre au rang de la broderie en reprise. Elle comprend les mêmes dessins que la broderie au plumetis, mais on la découpe en suivant les nervures des feuilles et des fleurs.

La broderie au crochet, et aussi peut-être la broderie au passé, sont, de même, peu en usage, si ce n'est pour les ornements destinés au culte sacré. Les dessins de cette dernière sont ordinairement plus grands, et d'un bel effet.

AGNÈS

Tu vas arriver à la soie. Oh! quelle riche broderie on obtient avec ce produit!

MARIE

Fort riche, en effet. Les soies nuancées dont on peut faire usage, offrent un vaste champ aux doigts habiles et à l'œil exercé aux combinaisons des couleurs. Là on peut représenter des fleurs, des fruits, des oiseaux, avec une vérité surprenante.

Je ne passerai pas sous silence l'emploi de l'or et de l'argent en broderie; et quand les pierreries mêlent leur éclat à celui des fils d'or, ce riche mélange apporte à l'autel des œuvres dignes de la majesté et de la pompe de nos cérémonies catholiques.

ZÉLIE

Je ne dédaigne pas les ouvrages en tapisserie, tant s'en faut.

MARIE

Tu as parfaitement raison, ma bonne. Dans la tapisserie, les canevas sont ordinairement tout dessinés, il ne reste qu'à nuancer; mais ce n'est pas une petite affaire quand on veut approcher de la nature, et faire avec la laine des fleurs dont elle soit jalouse.

HORTENSE

Tu as ce don; et c'est avec tant d'art que la laine marie, entre tes doigts, ses mille couleurs, que nous n'avons pas à modérer nos éloges.

MARIE

Vous vous abusez sur mon talent.

TOUTES

Pas du tout, pas du tout !

MARIE

Après avoir rendu un hommage mérité à tous les objets dont l'usage classe la broderie au rang des produits de l'art, pourrions-nous passer sous silence le modeste instrument de tant de chefs-d'œuvre? Je veux parler de l'adroite aiguille.

HÉLÈNE

Adroite entre des doigts habiles; mais, tu as raison, elle mérite qu'on ne l'oublie pas. Moi, tout prosaïquement, je m'en sers afin d'aider maman dans le travail des reprises, des ourlets, des piqûres, des surjets, enfin de tout ce qu'il faut connaître en ce genre quand on est mère d'une nombreuse famille, et qu'on aime, comme maman, que tout soit en ordre.

MARIE

Et ce travail-là est celui qui, devant Dieu, a le plus de mérite ; plus il est obscur, plus il doit aussi faire estimer la mère qui s'y livre et la fille qui le partage.

AGNÈS

Oh! certainement. Eh bien, Marie, voyons ce que tu vas nous dire sur ce petit instrument, insignifiant en apparence, et qu'on ne saurait cependant assez apprécier.

MARIE

C'est en 1545 que les premières aiguilles furent fabriquées, en Angleterre, par un Indien. Après sa mort, le procédé en fut perdu, et retrouvé seulement en 1560, par Christophe Greening.

Honneur donc à toi, fin et léger fil d'acier, qui, pour vivre obscur au fond de ma corbeille ou de ma ménagère, n'en est pas moins, quand tu en sors, un de mes plus doux passe-temps !

AGNÈS

Et honneur à celle qui le manie si habilement, que la main d'une fée n'aurait pas plus d'adresse ! La récompense d'une séance aussi intéressante doit donc être dans un bon baiser que chacune de nous va lui adresser.

MARIE, *avec effusion.*

Ah! je l'accepte de grand cœur, mes chères amies. (*Marie court vers ses compagnes, et elles s'embrassent.*)

FIN

TABLE

—

6316. — Tours, impr. Mame.

INONDATION
12 JANVIER
"

Tours. — Impr. Mame.